Robert Bauman • Alexandra Höß • Eva Maria Reichert

Hingeschaut!
So macht's die Kollegin
Gute Praxisbeispiele aus der Hauswirtschaft

vnm Verlag Neuer Merkur GmbH

Bibliografische Informationen der Deutschen Nationalbibliothek
Die Deutsche Nationalbibliothek verzeichnet diese Publikation in der Deutschen Nationalbibliografie; detaillierte bibliografische Daten sind im Internet über HYPERLINK „http://dnb.ddb.de“ http://dnb.ddb.de abrufbar.

Verlagsort: Postfach 60 06 62, D-81206 München

Robert Baumann, Alexandra Höß, Eva Maria Reichert
Hingeschaut! So macht's die Kollegin - Gute Praxisbeispiele aus der Hauswirtschaft

Projektkoordination: Ulrich Bartel

Layout und Titelgestaltung: Simon Asselmann
Titelbild: © eb-picture, Thaut Images / Fotolia
1. Auflage 2015 - ISBN 978-3-95409-020-4

Druck: AK-Druck&Medien GmbH • 96277 Schneckenlohe

Hingeschaut und abgeschaut

Mehrere tausend Kilometer Fahrtweg, Gespräche und Beobachtungen vor Ort, dutzende Telefonate, aufwendige Bildersuche, Notizen, Textarbeit am Computer, Redigieren und Korrigieren und natürlich eine ansprechende Grafik nicht zu vergessen: Erst wenn das alles funktioniert hat, wird ein Artikel zu einem Beitrag, der in den Fachzeitschriften rhw management und rhw praxis seinen Platz finden darf.

Und einige der besten Artikel stecken nun gesammelt in dem Buch „Hingeschaut"; als gute Praxisbeispiele verschiedener Einrichtungen der professionellen Hauswirtschaft.

Warum dieses Buch? Immer wieder habe ich von Leser/innen erfahren, dass sie noch dichter dran sein möchten am Geschehen, also sozusagen der Kollegin bzw. dem Kollegen regelrecht über die Schulter schauen möchten. Ich hoffe, das ist uns hiermit gelungen. Natürlich kommen in den Beiträgen auch Lebenswege und Gefühle der Protagonisten nicht zu kurz.

Die 20 anregenden Reportagen sowie lebensnahen Porträts wurden nochmals überarbeitet und enthalten teilweise bisher unveröffentlichte Fotos. Hinzu kommen drei Praxistipps am Ende eines jeden Beitrags, sodass Sie bereits beim Durchblättern des Buches 60 umsetzbare und erprobte Hinweise erhalten.

Die drei beteiligten rhw-Autoren Alexandra Höß, Eva Maria Reichert und Robert Baumann haben für Sie in diesem Buch aus fünf wichtigen Arbeitsbereichen der Hauswirtschaft (Altenheim & Seniorenbetreuung, Hauswirtschaft für Menschen mit Demenz und Behinderungen, Personalführung, Tagungen/Gastronomie/Events und Hauswirtschaft auf dem Land) ihre Beiträge verfasst.

Jedoch ist das „Hinschauen" aus dem Buchtitel erst der Anfang, eine Orientierung. Ich wünsche Ihnen mithilfe unseres Praxisratgebers viel Erfolg bei der Umsetzung der sich daraus ergebenden Chancen.

Das Gute: Alles, was Sie auf den nächsten über 140 Seiten lesen werden, haben andere Kolleginnen und Kollegen vor Ihnen schon geschafft – also viel Mut für Ihre eigenen Projekte!

rhw-Chefredaktion, Verlag Neuer Merkur GmbH

Der Blick für das Ganze

„Bei uns wird sehr viel Wert gelegt auf den hauswirtschaftlichen Bereich. Er steht nicht hinter der Pflege wie in vielen anderen Einrichtungen“, betont Isa Ellieroth. Sie ist Hauswirtschaftsleiterin und gleichzeitig auch Heimleiterin im Seniorenzentrum Moringen in Niedersachsen. Eine noch ungewöhnliche Personalunion, die aber sehr gut zum Konzept der Hausgemeinschaft passt.

Das Seniorenzentrum Moringen ist ein typisches Beispiel für eine Altenhilfeeinrichtung der so genannten vierten Generation mit einem Hausgemeinschaftskonzept. Es bietet fünf Wohnbereiche für jeweils zwölf Bewohner und Bewohnerinnen. Jeder Bereich hat eine eigene Wohnküche. „Wir waren die erste Einrichtung in Südniedersachsen, die das Hausgemeinschaftskonzept umgesetzt hat. Wir kochen beispielsweise in fünf Küchen jeden Tag alles frisch“, betont Isa Ellieroth.

Das Leitbild des Seniorenzentrums sieht vor, dass der Alltag, das gewohnte und individuelle Leben eines jeden Bewohners im Vordergrund steht. „Wir stehen für Offenheit, menschliche Wertschätzung und Autonomie des Einzelnen. Unser Qualitätswesen schreibt Rahmenbedingungen unserer Tätigkeit fest, Menschen so zu behandeln, wie wir selbst behandelt werden möchten“, heißt es im Leitbild.

Im Oktober 2010 sind die ersten Bewohner in den Neubau eingezogen. Seit Frühjahr 2014 ist das Haus mit 60 Pflegeplätzen voll ausgelastet. Es gibt mittlerweile sogar eine Warteliste. „Der langsame Aufbau war so gewollt, damit sich auch das Team finden kann“, sagt die Heimleiterin. Bevor das Haus an den Start ging, wurden bereits 17 Mitarbeiter ganz intensiv zu dem neuen Konzept mit Hilfe der Unternehmensberatung KlöberKassel geschult.

Außenansicht des Seniorenzentrums Moringen

Isa Ellieroth: HWL und Heimleiterin in Personalunion

Zehn Mitarbeiter arbeiten heute in der Hauswirtschaft, es sind ausschließlich hauswirtschaftliche Fachkräfte. Sie sind jeweils von 7.00 bis 13.30 Uhr im Haus. Danach übernehmen die Pflegekräfte die hauswirtschaftlichen Aufgaben mit. Sie bereiten den Nachmittagskaffee und das Abendessen vor oder backen Waffeln mit dem Teig, den die hauswirtschaftlichen Mitarbeiter morgens vorbereitet haben. Ebenso machen sie abends Bratkartoffeln oder ähnliche kleine Speisen aus den übrig gebliebenen Komponenten der Mittagsmahlzeit oder kümmern sich um die Wäschepflege.

Jeder macht fast alles

„Eigentlich macht bei uns jeder Mitarbeiter fast alles, die Grenzen zwischen den einzelnen Fachbereichen verschwimmen dabei", erklärt die Heimleiterin das ungewöhnliche Konzept. Dazu wurden Pflegemitarbeiter im Vorfeld in grundhauswirtschaftlichen Dingen geschult, und hauswirtschaftliche Mitarbeiter erhielten Unterweisungen in der Grundpflege. Jeder Handgriff wird dokumentiert, die hauswirtschaftlichen Mitarbeiter tragen selbst an mobilen PCs ihre Tätigkeiten ein.

Isa Ellieroth gibt auch zu, dass sich anfangs nicht alle Mitarbeiter aus der Pflege mit dem Konzept anfreunden konnten: „Einige ehemalige Mitarbeiter empfanden dieses Konzept sehr fremd, kamen mit den Aufgaben an ihre Grenzen und haben das Seniorenzentrum dann sehr schnell wieder verlassen. Der Findungsprozess des heute bestehenden Teams hat einige Zeit in Anspruch genommen, aber heute kann ich mit etwas Stolz sagen, dass sich ein sehr gutes Team gefunden hat." Wie schwierig war es, hauswirtschaftliche Mitarbeiter zu finden, die das Konzept mittragen? „Es haben sich hauswirtschaftliche Fachkräfte beworben, die vorher teilweise in Großküchen tätig waren. Die eine oder andere Mitarbeiterin konnte sich mit der anderen Arbeitssituation nicht anfreunden und hat uns wieder verlassen, denn hier arbeiten die hauswirtschaftlichen Mitarbeiter im direkten Kontakt mit den Bewohnern." Die Wohnküchen sind so aufgebaut, dass das Kochfeld zu den Bewohnern hin ausgerichtet und ein „Sich-Verstecken" beim Kochen also nicht möglich ist.

Die Hauswirtschaftskraft soll zu den Bewohnern hingewendet arbeiten, immer alle im Blick haben. Das klappt laut der Heimleiterin mittlerweile sehr gut. Da werden die Speisen zubereitet, dabei wird gesungen oder es gibt gemeinsame Zeitungsrunden, bei denen die Hauswirtschaftskraft vorliest. „Ich habe Mitarbeiter gefunden, die das können, ich sitze da aber auch an der Quelle", schmunzelt Isa Ellieroth, ist sie doch im Prüfungsausschuss der Landwirtschaftskammer. „Bei Prüfungen habe ich schon mal junge Damen, die mir geeignet vorkamen, angesprochen, ob sie nicht Interesse hätten, einen Tag bei uns zu hospitieren. Dadurch habe ich guten Nachwuchs gefunden." Durch das Prüfungsfeld Betreuungsleistungen seien die Auszubildenden auch ganz gut vorbereitet auf diese Art der Tätigkeit.

Fünf Küchen, fünf verschiedene Gerichte

In den fünf Küchen des Seniorenzentrums Moringen werden für das Mittagessen täglich fünf verschiedene Gerichte gekocht. Gewollt ist auch, dass die Bewohner am Kochen und Backen teilnehmen. Wie in einer großen Familie, bei der die Großeltern auch mithelfen. Für den, der nicht gerne in der Küche hilft, finden sich andere Aufgaben wie Wäsche legen, bügeln oder Blumen gießen oder einfach nur in der Wohnküche verweilen und am Tagesgeschehen teilhaben.

Jeweils am Donnerstag befragt Isa Ellieroth die Bewohner in einer Tischrunde, worauf sie in der kommenden Woche Appetit hätten. Wenn ein Bewohner wirklich einmal ein Gericht nicht mag oder an dem betreffenden Tag keinen Appetit darauf hat, wird ihm die Möglichkeit geboten, das Essen aus einer anderen Wohngemeinschaft zu bekommen. „Wir haben auch ständig fünf verschiedene Gerichte im Vorrat, die wir bei Bedarf schnellstens aufbereiten können. So haben die Bewohner die Wahl zwischen insgesamt zehn Speisen."

Zusammen mit den Speiseplänen erstellt Isa Ellieroth gleichzeitig auch die Nährwertberechnung. „Wir haben dazu ein Excel-Programm entwickelt, in das ich die Rezepte von Gerichten oder einzelnen Komponenten einpflege. Hier ist die GU-Nährwerttabelle hinterlegt (GU = Verlag Gräfe und Unzer). Die Werte werden hochgerechnet auf zwölf Personen und wenn ich die Rezepte wähle, übertragen sich die Nährwerte automatisch in den Speiseplan." Anhand einer „Ampel" sieht sie dann auch, ob der Speiseplan ausgewogen ist. „Ist die Ampel auf allen Ebenen grün, ist der Plan ernährungsphysiologisch ausgewogen."

Die Heimleiterin ist im Haus auch für den Einkauf der Lebensmittel zuständig. Mittlerweile haben sich nach ihrer Aussage die Großhändler darauf eingestellt, Kleinstmengen und -gebinde anzubieten. „Früher wurden zum Beispiel die Trockenvorräte nur im Zehn-Kilo-Gebinde oder der Schmand im Kilo angeboten." Die Einrichtung wird dreimal pro Woche mit Lebensmitteln beliefert, so dass kein großes Lager benötigt wird. Es wird in der Vorratshaltung explizit darauf geachtet, dass nur ein ganz geringer Lagerbestand an Dauerwaren vorhanden ist, aber immer so viel, dass Wünschen der Bewohner jederzeit nachgekommen werden kann, beispielsweise wenn ein Bewohner abends mal ein Eis oder ein Schälchen Ananas wünscht.

Zur Person

Isa Ellieroth ist verheiratet und hat vier Kinder. Nach ihrer Ausbildung zur Hauswirtschafterin in einem Hotelbetrieb hat sie 23 Jahre zunächst als Hausdamen-Assistentin und dann als leitende Hausdame in einer Reha-Klinik gearbeitet. Berufsbegleitend hat sie die Meisterprüfung in der Hauswirtschaft abgelegt. Dann wurde der Bereich Hauswirtschaft in der Klinik outgesourct und somit fiel ihr Arbeitsplatz dem Rotstift zum Opfer. In ihrem Ort fiel ihr ein Neubau auf, und sie erkundigte sich, was dort geplant sei. Als sie erfuhr, dass hier eine neue Altenhilfeeinrichtung entstehen sollte, bewarb sie sich beim Träger, der Cornelius Helferich Stiftung in Kassel. Sie wurde zunächst als Hauswirtschafterin im Seniorenzentrum Moringen eingestellt. Nach drei Monaten verließ die Hauswirtschaftsleitung das Haus und Isa Ellieroth übernahm diese Position. Nach einem weiteren Jahr verließ dann die Heimleitung das Haus und die Interimslösung funktionierte nicht so, wie sich die Geschäftsführung das vorgestellt hatte. Isa Ellieroth wurde vom Geschäftsführer gefragt, ob sie Interesse hätte, berufsbegleitend eine Weiterbildung zur Heimleitung zu absolvieren. Sie hatte Interesse und drückte von September 2012 bis April 2013 noch einmal die Schulbank. Und mit Genehmigung des niedersächsischen Sozialministeriums bekam sie die Erlaubnis, als Hauswirtschaftsmeisterin mit Weiterbildung zur Heimleiterin als Einrichtungsleitung tätig zu sein.

Pfiffiges System für die Bewohnerwäsche

Die Hauswirtschaft ist in dieser Einrichtung generell für die Bereiche Küche, Wäsche, Garten und in Teilen für die soziale Betreuung zuständig, die Hausreinigung wurde an einen externen Dienstleister vergeben. Ein pfiffiges System gibt es für die Bewohnerwäsche, dieses wurde von der Geschäftsleitung in Zusammenarbeit mit der Unternehmensberatung KlöberKassel entwickelt. So wurden extra unterschiedlich gekennzeichnete Fünf-Kilo-Säcke für die Schmutzwäsche angefertigt. Diese werden während des Pflegeprozesses an die Pflegewagen eingehängt. Die Pflegekräfte geben die Wäsche in die Säcke, diese werden dann verschlossen und kommen direkt in die Waschmaschine. Die Knebelverschlüsse der Wäschesäcke öffnen sich während des Waschvorgangs. „Durch dieses Vorgehen entfällt bei uns die Wäschesortierung der Schmutzwäsche“, erzählt die Heimleiterin.
Weiße Säcke mit gelben Streifen sind für hellbunte Wäsche vorgesehen, dunkelbunte Wäsche kommt in weiße Säcke mit dunkelbraunen Streifen und weiße Wäsche in einfarbig weiße Säcke. Dann gibt es noch weiße Säcke mit hellblauen Streifen, hierin wird Flachwäsche gesammelt, die außer Haus gewaschen wird. Sofort nach Einzug eines Bewohners wird seine persönliche Wäsche je nach Wäscheart gepatcht.
Für die fünf Hausgemeinschaften stehen fünf Waschmaschinen und fünf Trockner zur Verfügung. „Das Waschen der Bewohnerbekleidung ist bei uns ein sehr komplexes Aufgabengebiet mit kurzen Wartezeiten. Die Wäsche, die morgens abgegeben wird, ist abends gewaschen und gebügelt wieder im Schrank“, erklärt Isa Ellieroth, die ja nicht nur Heimleiterin, sondern auch Hauswirtschaftsleiterin ist und sich damit im Bereich Wäsche bestens auskennt. Generell sei ihre hauswirtschaftliche Ausbildung (sie ist Hauswirtschaftsmeisterin) sehr von Vorteil für das Konzept der Hausgemeinschaften.

Sommerfest mit Bewohnern und Mitarbeitern

„Ich höre immer wieder, dass dieses Haus eine angenehme Atmosphäre hat, Heimeligkeit ausstrahlt und sich sowohl die Bewohner als auch die Angehörigen und Mitarbeiter wohlfühlen. Vielleicht gilt dieses Lob hauptsächlich den hauswirtschaftlichen Mitarbeitern, da die Hauswirtschaft ein breites Wirkungsspektrum und den Blick auf das Ganze hat", so Isa Ellieroth.

Als sehr wichtig empfindet sie die gute Zusammenarbeit mit der Pflegedienstleitung. „Mit unserem Pflegedienstleiter Andrej Gust arbeite ich sehr kooperativ und harmonisch zusammen. Das ist mir als Heimleitung mit hauswirtschaftlichem Hintergrund absolut wichtig." Wichtig ist ihr ebenso, dass im Haus neben den Pflegekräften ausschließlich hauswirtschaftliche Fachkräfte beschäftigt werden. „Hauswirtschaftskräfte haben ein breit gefächertes Wissen, sind in vielen Bereichen einsetzbar, flexibel, kommunikativ und haben ihren Fokus auf das Wesentliche. Dies passt perfekt zu einem hauswirtschaftlich orientierten Konzept, wie es in unserem Haus umgesetzt und gelebt wird."

Praxistipps

1. Eigentlich macht hier jeder Mitarbeiter fast alles, die Grenzen zwischen den einzelnen Fachbereichen verschwimmen dabei.
2. Jeweils am Donnerstag befragt Isa Ellieroth die Bewohner in einer Tischrunde, worauf sie in der kommenden Woche Appetit hätten.
3. Das Seniorenzentrum hat für die Nährwertberechnung ein Excel-Programm entwickelt, in das die Rezepte von Gerichten oder einzelne Komponenten eingetragen werden. Ist die Ampel auf allen Ebenen grün, ist der Plan ernährungsphysiologisch ausgewogen.

Gesund essen, besser leben

Seit April 2008 – dem 100. Geburtstag des Namensgebers – betreibt die Stadt Hannover das Klaus-Bahlsen-Haus, eine Senioreneinrichtung im Stadtteil Bothfeld. Das Haus pflegt ein innovatives Konzept: umweltgerechtes Wohnen im Passivhaus, Betreuung nach dem Konzept der Hausgemeinschaften sowie eine vollwertige Verpflegung mit der bundesweit ersten „Fit im Alter-Premium-Zertifizierung".

Der 1991 verstorbene Keksfabrikant Klaus Bahlsen war bekannt für sein Interesse an gesunder Ernährung, naturnaher Lebensmittelproduktion und biologisch-dynamischer Landwirtschaft. Diesen Themen verpflichtet ist auch die Rut- und Klaus-Bahlsen-Stiftung, in die nach Bahlsens Tod sein ganzes Vermögen überführt wurde. Die Stiftung gehört mit einem Stiftungsvermögen von 80 Millionen Euro zu den größten privaten Stiftungen in Deutschland. Mit vier Millionen Euro wurde von der Stiftung der Neubau finanziert, weiterhin wird auch der laufende Betrieb gefördert. „Die Stiftung wollte sich im sozialen Bereich engagieren, aber es sollte etwas Besonderes, ein neues Konzept sein", berichtet Heimleiterin Sigrun Kehrer.
Auf der Grundlage eines Architekturwettbewerbs ist ein sehr modernes Gebäude mit großen Glasflächen, Wintergärten und überdachten Terrassen entstanden, das in Passiv bauweise ausgeführt wurde. Neben einer hochwärmegedämmten Gebäudehülle verfügt es über eine Lüftungsanlage mit Wärmerückgewinnung. Geringer Energieverbrauch, hohe Behaglichkeit und gute Luftqualität sollen die Effekte dieses Konzepts sein.

Im Kräutergarten: Heimleiterin Sigrun Kehrer (rechts) und Jannette Naatjes, HWL und Fachberaterin

Blick in die Wohngruppe

Das gesamte Gebäude ist barrierefrei gebaut und ist durch die Passivbauweise für Allergiker besonders geeignet.
Die Einrichtung befindet sich in direkter Nachbarschaft zu einer städtischen Kita. Was sofort auffällt bei einem Besuch: Zwischen der Seniorenanlage und der angrenzenden Kindertagesstätte gibt es keinen Zaun. Das Konzept sieht vor, dass sich Alt und Jung hier frei begegnen können. Und das funktioniert auch. So kommen mittlerweile Kleingruppen aus dem Kindergarten in die Hausgemeinschaften und frühstücken, basteln und singen gemeinsam mit den Senioren. Auch ein gemeinsames Sommerfest wurde gefeiert und die Kinder werden zu Weihnachten oder Fasching eingeladen.

So viel Alltag wie möglich

Aufgeteilt auf vier Hausgemeinschaften leben 49 Senioren im Klaus-Bahlsen-Haus, entweder im Einzelzimmer oder im Appartement für zwei Personen. Das von der Stadt Hannover betriebene Haus orientiert sich an der Maxime: so viel Alltag wie möglich, so viel Heim wie nötig. Das Durchschnittsalter der Bewohner liegt bei 84 Jahren, das offene Haus hat keine gerontopsychiatrische Abteilung. „Wir versuchen jedoch, auch die an Demenz Erkrankten so lange wie möglich bei uns zu behalten", so die Heimleiterin.
Jede Hausgemeinschaft verfügt über einen großen gemeinsamen Wohnbereich, eine offene Küche und einen angrenzenden Essbereich. In der Küche werden von den Präsenzkräften jeden Tag alle Mahlzeiten frisch zubereitet bzw. gekocht. Das Konzept ist, dass die Bewohner hier Alltagsleben wie in einer Großfamilie erleben und sich auch selber an den hauswirtschaftlichen Tätigkeiten beteiligen können.

Fit im Alter-Premium-Zertifizierung

Eine Präsenzkraft bei der Arbeit

„Wir machen das Angebot dazu, akzeptieren aber auch, wenn Bewohner sagen, dass sie nach ihrem langen Erwerbsleben keine Lust mehr dazu haben", sagt die Heimleiterin. Dass die Senioren selber zum Kochlöffel greifen, käme nur selten vor, aber einzelne Bewohner helfen beim Gemüse putzen, Tisch decken oder Abräumen. „Die Präsenzkräfte sind auch schon mit den Bewohnern am Donnerstag gemeinsam auf den Markt gegangen, um frisches Gemüse zu kaufen und dieses dann im Eintopf am Samstag zu verarbeiten", erzählt Sigrun Kehrer.

Die 18 Präsenzkräfte, die alle Teilzeit arbeiten, sind zum Frühdienst von 7.30 bis 13.30 Uhr vor Ort sowie zum Spätdienst von 14.30 bis 19.30 Uhr. Acht Präsenzkräfte haben eine hauswirtschaftliche Ausbildung, die anderen zehn sind angelernte Kräfte. Bei den Präsenzkräften setzt die Heimleiterin voraus, dass sie kochen können, sozusagen herdtauglich sind, und dass sie mit den Bewohnern kommunizieren können.

„Die klassische Hauswirtschafterin bringt hier eine sehr gute Grundausstattung mit, sie verfügt über eine ganze Reihe von Alltagskompetenzen. Sie kann neben dem Kochen auch in Jahreszeiten denken, diese dem Bewohner nahebringen und beispielsweise die Räume entsprechend dekorieren", sagt HWL Jannette Naatjes, Fachberaterin und Hygienebeauftragte für alle sieben Senioreneinrichtungen, die von der Stadt Hannover betrieben werden.

Da es im Klaus-Bahlsen-Haus keine eigene Hauswirtschaftsleitung gibt, wurden zwei Mitarbeiterinnen zu leitenden Präsenzkräften befördert. Diese übernehmen die Bereiche Bestellung, Lagerwirtschaft, die Aufteilung der Lebensmittel auf die vier Küchen sowie die Überwachung der Budgeteinhaltung. Eine Präsenzkraft ist zentral für die Reinigung und die Reinigungsmittel verantwortlich und eine weitere für die Belange der Wäschepflege.

Gemütliche Sitzecke

Der Bereich Wäsche ist extern vergeben, die Wäschevollversorgung erfolgt über ein Leasingsystem.
„Die klassischen Aufgaben der HWL sind in diesem Haus auf drei bis vier Personen verteilt worden. Es ging nicht, dass dies die Heimleiterin auch noch mit übernimmt", erklärt Jannette Naatjes.

Skulptur im Garten, die den 1991 verstorbenen Keksfabrikanten Klaus Bahlsen darstellt

Gegessen wird in Gemeinschaft

Eine besondere Herausforderung für die Mitarbeiterinnen in den Wohnbereichen ist, dass sie gleichzeitig kochen und sich mit den Bewohnern beschäftigen müssen. Präsenzkräfte servieren auch die Speisen und reichen diese bei Bedarf hilfebedürftigen Bewohnern an. Bei schweren Erkrankungen mit ausgeprägten Schluckstörungen unterstützen Pflegekräfte beim Anreichen. Zum Konzept der Einrichtung gehört, dass alle Bewohner in Gemeinschaft essen, nur Bettlägerige bleiben auf ihren Zimmern. Früher haben die Präsenzkräfte nach Hausmannsrezepten gekocht und da ging es je nach Nationalität der Mitarbeiterinnen sehr bunt zu: Mal schmeckten die Frikadellen eher griechisch, russisch, polnisch, iranisch oder türkisch. Heute ist das anders, denn das Klaus-Bahlsen-Haus ist als erste Senioreneinrichtung bundesweit mit der „Fit-im-Alter-Premium-Zertifizierung" der Deutschen Gesellschaft für Ernährung (DGE) ausgezeichnet worden.
Die Initiative „Fit im Alter – Gesund essen, besser leben" der DGE setzt Qualitätsstandards für eine ausgewogene Ernährung in stationären Senioreneinrichtungen. Den Anstoß dafür gab Prof. Dr. Elisabeth Leicht-Eckardt von der Hochschule Osnabrück, die im Stiftungsbeirat der Rut- und Klaus-Bahlsen Stiftung sitzt. „Mit der bundesweit ersten Zertifizierung nach den DGE-Kriterien wird in der Praxis bewiesen, dass die Umsetzung dieser Anforderungen bei der Organisation der Mahlzeiten im Alltag möglich ist", sagte die Professorin bei der Zertifikatsübergabe. Allerdings war die Vorbereitung aufwendig und hat laut Sigrun Kehrer ein gutes Jahr gedauert. „Doch es hat sich gelohnt, wir haben die Zertifizierung mit 96 Prozent geschafft."

Der Eingangsbereich überzeugt durch ein modernes Ambiente

Sigrun Kehrer und Jannette Naatjes im Gespräch mit einem Bewohner

Standards gibt es für die Qualitätsbereiche Lebensmittel, Speisenplanung und -herstellung sowie für den Bereich Lebenswelt. Mit letzterem sind unter anderem die Essenszeiten, die Raum- und Tischgestaltung sowie der Service und die Kommunikation gemeint.
Als das Klaus-Bahlsen-Haus mit der Vorbereitung auf die Zertifizierung be- gonnen hatte, war zusätzlich der Qualitätsbereich Nährstoffe verpflichtend, bei dem eine Nährstoffoptimierung des Speiseplans auf Basis der berechneten Rezepte erfolgen musste.

Die DGE hat dieses Konzept geändert und bietet nun zwei Stufen der Zertifizierung an:

- Eine DGE-Zertifizierung erhalten Einrichtungen, die die Kriterien der Qualitätsbereiche Lebensmittel, Speisenplanung und -herstellung sowie Lebenswelt erfüllen.
- Eine DGE-Premium-Zertifizierung erhalten Einrichtungen, die zusätzlich eine Nährstoffoptimierung vorgenommen haben.

Ist-Analyse der Speisenversorgung

Gestartet wurde im Klaus-Bahlsen-Haus mit einer Ist-Analyse der Mahlzeitenversorgung. „Wir haben unseren Speiseplan analysiert und geschaut, wo wir jetzt stehen. Außerdem haben wir unsere Bewohner gefragt, was sie gerne essen", berichtet die Heimleiterin.
Mithilfe eines externen Beraters und des Küchenleiters aus einer anderen Senioreneinrichtung der Stadt Hannover wurde damit begonnen, die Rezepte der einzelnen Mahlzeiten so weit zu optimieren, dass sie dem geforderten Nährstoffprofil der DGE entsprachen. „Die neu entwickelten Rezepte wurden dann von unseren Präsenzkräften vor Ort nachgekocht, und die Bewohner haben die Gerichte probiert. Schließlich wurde Rückmeldung gegeben, ob es so passt oder eben nicht", erklärt Sigrun Kehrer.

Fit im Alter

Anforderungen an die Erstellung eines Wochenspeiseplans laut DGE-Qualitätsstandards:

- Insgesamt werden täglich fünf Portionen Obst und Gemüse inklusive Hülsenfrüchte angeboten. Davon täglich zwei bis drei Portionen Obst, davon mindestens einmal als frisches Obst, ungegart. Täglich zwei bis drei Portionen Gemüse, davon mindestens 1-mal als frisches Gemüse, ungegart; Hülsenfrüchte: 1-mal pro Woche.
- Frische und tiefgekühlte Kräuter, täglich
- Kartoffeln oder Nudeln oder Reis, täglich
- Vollkornbrot und/oder Vollkornflocken, täglich mindestens zwei Portionen
- Milch und Milchprodukte, täglich mindestens 2-mal
- Fleisch und Wurstwaren, maximal 400 g pro Woche
- Fisch, ein bis zwei Portionen pro Woche, davon 70 g Fettfisch, mindestens 1-mal Seefisch
- Eier, maximal drei Stück pro Woche (inklusive verarbeitete Eier)
- Margarine oder Butter als Streichfett, täglich
- Getränke, mindestens 1,3 Liter täglich, besser 1,5 Liter täglich.

Außenansichten der Senioreneinrichtung

Eine ganze Reihe von Umstellungen war nötig, wenn es teilweise auch nur Kleinigkeiten waren. So wird beispielsweise für die klassische Mehlschwitze heute keine Margarine, sondern Öl verwendet. Neue Teflon-Pfannen mussten gekauft werden, um die fettreduzierten Gerichte nachkochen zu können. Täglich kommt Gemüse auf den Tisch, das frisch angeliefert wird. Auf TK-Ware wird möglichst verzichtet. Bäcker, Fleischer und Obstlieferanten kommen aus der Region. Frische Kräuter stammen aus dem eigenen Kräutergarten, ebenso werden Himbeeren, Stachelbeeren, Tomaten und Äpfel aus dem eigenen Garten geerntet.

Während früher jede Präsenzkraft ihre persönliche Note beim Kochen einbrachte, geht es heute streng nach Rezept und Mengenvorgabe. Die Ist-Analyse hatte auch ergeben, dass die Präsenzkräfte rund um das Kochen für Senioren noch einmal gezielt geschult werden mussten. Deshalb wurden auch mit Hilfe einer externen Ernährungsberaterin spezielle Schulungen zum Anreichen von Essen durchgeführt.
Sehr aufschlussreich war hier ein „Selbsttest", bei dem die Präsenzkräfte sich selbst Essen anreichen ließen, um ein Gefühl für diese Situation zu bekommen. Auch der Umgang mit Schluckstörungen wurde geschult: Wie kann man das Essen so zubereiten, dass Bewohner es möglichst gut schlucken können? „Unsere Präsenzkräfte waren bei all diesen Maßnahmen mit Elan dabei, das hat uns sehr gefreut", so die Heimleiterin.
Die Mitarbeiterinnen in der Wohnküche mussten außerdem lernen, die Bewohner in Sachen Ernährung zu beraten. Hier gab es natürlich bei der Umstellung des Speiseplans eine Menge Fragen rund um die Themen Ge- sundheit, Kalorien, Fettgehalt von Lebensmitteln etc.

Der modern gestaltete Garten der Einrichtung

Knäckebrot mit Nutella statt Kuchen

Laut der Heimleiterin waren die neuen nährstoffoptimierten Mittagsmahlzeiten für die Bewohner kein Problem, denn sie hatten die Gerichte ja alle vorher getestet. Mehr Diskussionen gab es rund um die Zwischenmahlzeiten. Vorher waren die Bewohner gewohnt, von Montag bis Sonntag jeden Nachmittag Kuchen vom Bäcker serviert zu bekommen. Nun lautet die Empfehlung, auch mal einen Obstteller, eine Fruchtmilch oder ein Knäckebrot mit Nutella zu reichen. „Es gibt Bewohner, die wollen weiterhin jeden Tag ihr Stück Kuchen und das bekommen sie dann auch, denn unsere Maxime lautet: Die Bewohner dürfen selbst entscheiden, was sie essen. Wir machen jedoch gesunde Angebote und versuchen, in diese Richtung zu beraten", sagt Sigrun Kehrer. Oft seien auch die Bewohner gar nicht das Problem, sondern die Angehörigen, die beispielsweise wünschen, dass ihre Eltern weiterhin ihren Kuchen bekommen. Hilfreich war in diesem Zusammenhang ein Angehörigen-Abend, bei dem das „Fit im Alter"-Konzept detailliert vorgestellt wurde.

Laut nährstoffoptimiertem Speiseplan gibt es nun beispielsweise zweimal in der Woche Fisch. Wer aber keinen Fisch mag, für den wird etwas anderes gekocht. Allerdings sind gerade die neuen Fischrezepte wie „Fischrolle mit Gemüse überbacken" bei den Bewohnern sehr gut angekommen. Selbst einige Angehörige haben sich die Rezepte zum Nachkochen geben lassen. Auch werden viel mehr frische Salate und Rohkost gegessen als vorher. Generell wird zu allen Mahlzeiten ein Musterteller mit den nährstoffoptimierten Speisenkomponenten angerichtet und den Bewohnern gezeigt, damit sie sehen, wie die empfohlene Mahlzeit aussehen sollte. Das Essen kommt dann in Schüsseln auf den Tisch und die Bewohner können sich selbst bedienen. Hilfsbedürftige Bewohner werden bedient.

Der zertifizierte Speiseplan umfasst insgesamt sechs Wochen. Werden zusätzliche Wochenpläne entwickelt, müssen diese auch wieder berechnet und der DGE vorgelegt werden. Allerdings ist geplant, die „Fit im Alter"- Zertifizierung auch für die sechs weiteren Altenhilfeeinrichtungen der Stadt Hannover zu übernehmen, dann könnte man die dort entwickelten nährstoffoptimierten Speisepläne untereinander austauschen. Der Ernährungsstatus unserer Bewohner hat sich deutlich gebessert, wir haben im Haus keine mangelernährten Bewohner. Für an Demenz Erkrankte bieten wir mehr zum Naschen und Finger Food an", fasst die Heimleiterin zusammen.

Beim Mittagessen

Hohe Qualität in der Versorgung

Insgesamt, da sind sich Sigrun Kehrer und Jannette Naatjes sicher, ist die Lebens- und Versorgungsqualität bei dem in diesem Haus umgesetzten Hausgemeinschaftskonzept viel höher als in üblichen Einrichtungen. „Es ist hier viel wohnlicher, viel häuslicher. Doch wir müssen uns nach dem normalen Stellenschlüssel richten. Es wäre schön, wenn die Pflegekassen dem besonderen Konzept Rechnung tragen würden.“ Nur durch die finanzielle Unterstützung durch die Rut- und Klaus-Bahlsen-Stiftung sei es möglich, dass das Wohn- und Pflegekonzept so umgesetzt werden könne.
Prof. Dr. Burkhard Huch, Vorsitzender der Stiftung, freut sich: „Für Klaus Bahlsen wurde mit dem Klaus-Bahlsen-Haus sein Wunsch- traum Wirklichkeit. Pflegebedürftige Senioren leben in familienähnlichen Milieus, professionell betreut und jetzt nachweislich optimal versorgt durch einen von der DGE zertifizierten nährstoffoptimierten Speiseplan, das hätte Klaus Bahlsen besonders gefreut.“

Praxistipps

1. Eine Präsenzkraft ist zentral für die Reinigung und die Reinigungsmittel verantwortlich und eine weitere für die Belange der Wäschepflege.
2. Neue Teflon-Pfannen mussten gekauft werden, um die fettreduzierten Gerichte nachkochen zu können.
3. Während früher jede Präsenzkraft ihre persönliche Note beim Kochen einbrachte, geht es heute streng nach Rezept und Mengenvorgabe.

Der gute Geist der Einrichtung

Ingrid Holzkamp-Thäder ist der gute Geist von „Pflegen & Wohnen Heimfeld" in Hamburg. Seit über 35 Jahren ist sie in der Pflegeeinrichtung für die Hauswirtschaft zuständig. Ihre Position ist in den letzten Jahren stark aufgewertet worden, heute nennt Ingrid Holzkamp-Thäder sich Leitung Housekeeping und ist für die Kernleistung „Wohnen und Ambiente" verantwortlich, die laut Kundenbefragungen eine der wichtigsten Faktoren für die Zufriedenheit der Bewohner ist.

Zwölf Pflegeeinrichtungen, 2.835 Plätze und rund 1.700 Mitarbeiter: Die Pflegen & Wohnen Hamburg GmbH ist der größte Anbieter für Pflege in der Hansestadt. Die Einrichtung blickt auf eine lange Tradition zurück: Bereits 1616 wurde sie als Hospital für mittellose Menschen durch Hamburger Kaufleute gegründet, im 19. Jahrhundert erfolgte dann der Wechsel in kommunale Trägerschaft. Im Jahr 2007 wurde das Unternehmen wieder privatisiert und von zwei Kaufmannsfamilien übernommen. Es folgte das größte Neubauvorhaben in Sachen Pflegeeinrichtungen in Deutschland, das Bauvolumen umfasst rund 100 Millionen Euro für Neubauten und für die Sanierung der Bestandsobjekte. Rund 50.000 Quadratmeter neuer Raum und 1.500 zusätzliche Pflegeplätze wurden geschaffen.

Außenansicht Pflegen und Wohnen Heimfeld

Als guter Geist der Einrichtung hat Ingrid Holzkamp-Thäder auch Repräsentationspflichten

Das Restaurant und Café steht auch externen Gästen offen

Neubau ähnelt einem Hotel

Auch in Heimfeld wurde kräftig investiert: An den Bestandsbau, ein ehemaliges Kasernengebäude, wurde ein Neubau angeschlossen, der eher an ein Hotel als an ein Pflegeheim denken lässt, mit einem Foyer mit Sitzgelegenheiten, einem offenen Restaurant-Café und großer Terrasse. „Die Bewohner sollen sich bei uns wohlfühlen wie im Urlaub", erklärt Erika Wißmann, die in der Geschäftsleitung des Unternehmens im Fachbereich Facility Management tätig ist. Ohrensessel, PVC-Böden in Holzoptik, bedruckte Tapeten und weich fallende Vorhänge – dem Innenarchitekten ist es gelungen, einen wohnlichen Hotelcharakter zu schaffen. 235 alte Menschen haben hier ihr Zuhause gefunden. Die fünf Wohnbereiche der Einrichtung sind so konzipiert, dass pflegerische Schwerpunkte gebündelt werden und Menschen mit ähnlichem Pflege- und Betreuungsbedarf zusammenleben. So gibt es eine normale Pflegestation mit Kurzzeitpflege, einen Wohnbereich für aktive Bewohner, einen Schwerstpflegebereich, einen integrierten Dementenbereich und einen besonderen Dementenbereich.
Ingrid Holzkamp-Thäder hat in den letzten 33 Jahren in der Einrichtung einige Veränderungen erlebt. Die gelernte Verkäuferin kam ursprünglich als Stationshilfe nach Heimfeld. Später wurde ihr angeboten, eine Ausbildung zur staatlich geprüften Hauswirtschafterin zu machen. „Ich habe mich im Laufe der Jahre dann immer weiterqualifiziert und Fortbildungen zu den unterschiedlichen Themen besucht wie Kommunikation, Mitarbeiterführung, EDV, Arbeitsrecht oder Moderation."

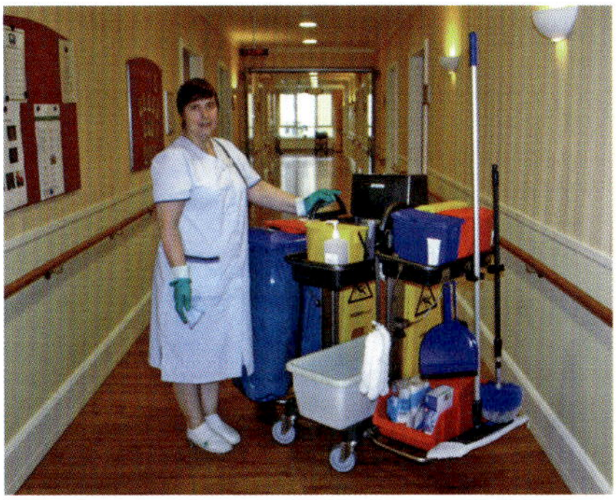

Die Reinigung ist ausgelagert in zwei eigene Servicegesellschaften

Temperaturmessung am Büffetwagen vor der Speisenausgabe

Housekeeping als Schlüsselposition

Bis vor drei Jahren wurde ihre Position mit „Hausdame" bezeichnet, heute ist daraus „Leitung Housekeeping" geworden. „In der Vergangenheit standen fast ausschließlich hauswirtschaftliche Arbeiten im Fokus der Tätigkeit. Dies genügt heute nicht mehr. Die Arbeit der Hausdame ist deutlich vielschichtiger und anspruchsvoller geworden", erklärt Erika Wißmann. Voraussetzung für diese Position ist bei Pflegen und Wohnen eine Ausbildung zur Hauswirtschafterin oder Hotelfachfrau sowie mehrjährige Berufserfahrung mit Personalverantwortung.
Die Leitung Housekeeping ist laut Erika Wißmann eine Schlüsselposition. Wie man aus Kundenbefragungen wisse, trägt es maßgeblich zur Kundenzufriedenheit bei, wenn diese Position gut ausgefüllt wird. Die Leitung Housekeeping ist verantwortlich für die Sauberkeit und Hygiene im Haus, für die Dekoration und das Ambiente, für die Versorgung mit Wäsche, für die Arbeit der Verteilerküche einschließlich der Prozesse der Speiseversorgung. Außerdem obliegt ihr die Steuerung dieser Bereiche nach wirtschaftlichen und qualitativen Gesichtspunkten.

Präsent für die Bewohner

Ganz wichtig sind auch ihre Repräsentationspflichten im Haus: Die Leitung Housekeeping soll präsent sein für Bewohner, Angehörige und Geschäftspartner und auch auf Besucher aktiv zugehen. Natürlich muss sie dafür auch korrekt gekleidet sein, der Arbeitgeber stellt dazu die entsprechende Businesskleidung, die aus Hosenanzug oder Kostüm, Bluse, Weste und Tuch in den Unternehmensfarben Grün und Weiß besteht.
„Jede Leitung Housekeeping hat ihre eigene Aura, sie prägt das Haus", erklärt Erika Wißmann. Dass das Ingrid Holzkamp-Thäder gut gelingt, wird klar, wenn man sie bei einem Rundgang durch das Haus begleitet. Als freundlich, aber bestimmt, beschreibt sie ihren Führungsstil. Sie ist verantwortlich für 25 Mitarbeiter im Haus und man glaubt ihr sofort, wenn sie sagt, dass sie die Bandspüle oder das Kühlhaus genauso gut kennt wieder jeder einzelne

Ein Küchenmitarbeiter überprüft die Bestückung der Büffetwagen

Mitarbeiter. „Ich habe nach über 30 Jahren immer noch Spaß an meiner Tätigkeit." Ihr Einsatz wird honoriert: Im Jahr 2012 wurde Heimfeld als freundlichste Einrichtung der Pflegen & Wohnen-Unternehmensgruppe geehrt. „Diese freundliche Haltung muss von den Führungskräften ausgehen und wird auf die Mitarbeiter übertragen. Und nur zufriedene Mitarbeiter sind auch gute Mitarbeiter", ist sich die Hausdame sicher. Sie sagt über sich selbst, dass man ihr immer sehr viel zugetraut hat und sie gefördert wurde im Unternehmen. „Das gebe ich heute an meine Mitarbeiter weiter, wenn ich das Potenzial dazu sehe."

Devise: zu Hause zu Gast

„Unsere Devise ist: Es sieht aus wie zu Hause – und fühlt sich auch so an. Ein Zuhause ist immer dort, wo sich andere Menschen um einen sorgen", heißt es auf der Webseite der Unternehmensgruppe.

Die alten Menschen sollen sich wertgeschätzt fühlen. Und da geht es laut Ingrid Holzkamp-Thäder auf keinen Fall, dass die Bewohner von den Mitarbeitern geduzt werden. Auch ein Anklopfen, bevor die Zimmer betreten werden, sowie eine Vorstellung mit „Zimmerservice" sollte eine Selbstverständlichkeit sein. Das Hauswirtschaftsteam in Heimfeld ist multikulturell: Afghanen, Polen, Russen finden sich unter den Mitarbeitern.

„Das hat Vorteile in der Kommunikation mit den Bewohnern, wir werden hier immer internationaler", sagt die Leiterin Housekeeping. Aber für die Mitarbeiterführung sei dies natürlich schwieriger, oft müssten Anweisungen aufgrund von Sprachproblemen mehrmals wiederholt werden.

Die Reinigung in den Einrichtungen von Pflegen & Wohnen Hamburg ist ausgelagert in zwei eigene Servicegesellschaften. „Wir haben bewusst zwei Servicegesellschaften gegründet, damit Wettbewerb da ist", erklärt Erika Wißmann. Es gibt Reinigungsstandards, die in allen Einrichtungen gleich sind und vor Ort sind jeweils Gruppenleitungen installiert. Der jeweiligen Leitung Housekeeping obliegt die Überprüfung der Reinigungsdienstleistungen. Ebenso kontrolliert sie die Qualität der Wäscheversorgung, alle Einrichtungen werden von einer externen Wäscherei beliefert.

Neu: die zentrale Speisenmanufaktur

Die Speisenversorgung ist umgestellt worden. Anfang 2013 wurde am Standort Hamburg-Bahrenfeld eine neue zentrale Produktionsküche eröffnet. Von hier aus werden die Bewohner in allen zwölf Häusern versorgt. Bis zu 6.000 Mahlzeiten können täglich in dieser „Speisenmanufaktur“ im Cook & Chill-Verfahren produziert werden. Nachdem die Gerichte in der Zentralküche frisch zubereitet wurden, werden sie auf drei Grad Celsius heruntergekühlt und in die Häuser transportiert. Dort werden die Speisen in speziellen Büffetwagen wieder erhitzt und verteilt.
Auf den Zimmern wird in Heimfeld kaum gegessen, denn die mobilen Bewohner gehen ins Restaurant oder in die Gemeinschaftsräume auf den Wohnebenen zum Essen. Das Restaurant steht auch Nachbarn, Angehörigen und Freunden des Hauses offen, sie zahlen für ein Hauptgericht mit Dessert und Getränk 4,50 Euro. Dieses Angebot wird gut angenommen, wie ein Blick in das Restaurant zur Mittagszeit zeigt.
Hinter den Büffetwagen steht jeweils eine Servicekraft und erklärt den Bewohnern die Speisenkomponenten, eine Pflegekraft serviert das Essen dann am Tisch. Jeden Tag gibt es morgens ein kurzes Briefing mit den Servicekräften. „Jeder Servicemitarbeiter muss wissen, was es heute zum Essen gibt und muss mir die Komponenten erklären können“, sagt Ingrid Holzkamp-Thäder.

Cook & Chill mit drei Mittagsgerichten

Mittags gibt es täglich drei Gerichte zur Auswahl: normale Kost, leichte Kost oder ein vegetarisches Gericht. Daneben wird bei Bedarf auch hochkalorische Kost gereicht und alle Kostformen werden auch in pürierter Form angeboten. Bestimmte Speisenkomponenten wie Salate oder Kartoffeln werden in den Verteilerküchen vor Ort zubereitet.
Es gibt einen Speisenplan, aus dem die Bewohner schon 14 Tage im Voraus ihre Speisen auswählen. „Das sind allerdings nur große Richtwerte, am Büffetwagen werden dann häufig doch lieber Kartoffeln statt Reis oder Fleisch statt Möhreneintopf gewählt“, sagt die Hausdame. Manchmal müssten die Servicemitarbeiter auch wahre Verkaufstalente sein, nämlich dann, wenn eine gewünschte Komponente aus ist.
Kommunikation ist auch gefragt bei der Präsentation der „Showteller“. „Das sind Ansichtsteller, hier können Bewohner beispielsweise abends immer zwischen fünf verschiedenen Wurstsorten und drei Käsesorten wählen. Auch die muss die Servicekraft alle benennen können.“
Wie kommt das neue Speisenkonzept bei den Bewohnern an? „Unsere Bewohner sind damit super zufrieden“, sagt die Leitung Housekeeping. Wichtig sei den Bewohnern unter anderem, dass das Essen heiß ist, deshalb werden auch Wärmewagen eingesetzt, um die Teller vorzuwärmen. Außerdem wird regelmäßig vor der Speisenausgabe überprüft, ob die Kerntemperatur bei den geforderten 75 Grad Celsius liegt. Neben dem Mittagessen werden weitere sechs Mahlzeiten am Tag angeboten, inklusive Zwischen- und Spätmahlzeiten.

Erika Wißmann (links) und Ingrid Holzkamp-Thäder vor dem Restaurant

„Jeder muss hier jeden verstehen“

Um den gewünschten Hotelcharakter in den Häusern zu erreichen, sind nicht nur die Ausstattung, das Ambiente und das Essen wichtig, sondern natürlich auch das Verhalten der Mitarbeiter. So gibt es berufsübergreifende Fortbildungen sowohl für Pflegekräfte als auch für Service- und Küchenkräfte zum Thema „Zu Hause zu Gast“. Hier werden „Knigge“-Regeln vermittelt, beispielsweise: Wie kommuniziere ich? Wie decke ich ein? Wie gehe ich mit Wünschen von Bewohnern um?
Als Gedankenstütze wurde ein fiktiver Mitarbeiter „Paul Wichtig“ geschaffen, der alle guten Eigenschaften vereint: Er ist flexibel, freundlich, hört immer gut zu etc. „Wenn ich mal nicht so gut gelaunt bin, lese ich mir das durch, das hilft“, sagt Ingrid Holzkamp-Thäder lachend.
Regelmäßige Mitarbeitergespräche gehören zur Unternehmenskultur. So gibt es halbjährliche Besprechungen mit Mitarbeitern aus den einzelnen Bereichen. Themen sind beispielsweise: Was gefällt den Mitarbeitern am Verhalten der Führungskraft, was weniger? Sind die Arbeitsmaterialien in Ordnung oder muss etwas neu angeschafft werden? Passt die Arbeitsorganisation? Gibt es häusliche Probleme?

Jeden Dienstag Informationsrunde

Berufsübergreifend finden jeden Dienstag Info-Runden statt, zu denen Vertreter aller Bereiche und die Geschäftsführung der Einrichtung kommen. Hier geht es um den Austausch untereinander, was liegt an, was ist passiert? Die Moderation wird reihum von den Mitarbeitern übernommen. „Je nach Thema moderiert dann auch schon mal die Gruppenleitung Reinigung. Sie geht dann sehr gestärkt aus dieser Runde wieder heraus“, erklärt die Leiterin Housekeeping und fügt hinzu: „Jeder muss jeden hier verstehen, das ist uns sehr wichtig.“
„Klartext“ heißt ein weiteres Element der Unternehmenskultur. Das sind Besprechungen, zu denen pro Monat vom Gesamtgeschäftsführer der Unternehmensgruppe 15 Mitarbeiter aus

allen Einrichtungen an einen neutralen Ort eingeladen werden. Hier soll dann offen geredet werden. Neu ist im Rahmen der Gesundheitsfürsorge eine Kooperation mit dem Fürstenberg Institut, einem Beratungsinstitut mit Fokus auf das betriebliche Gesundheitsmanagement. „Wenn ich bei einem Mitarbeiter, der beispielsweise hohe Fehlzeiten hat, nicht mehr weiterkomme, habe ich ja trotzdem eine Personalfürsorge. Dieser Mitarbeiter kann sich dann an das Fürstenberg Institut wenden und sich dort beraten lassen. Der Arbeitgeber erfährt nichts von den Inhalten dieser Gespräche“, erklärt Ingrid Holzkamp-Thäder.

Jung und alt gemeinsam

Eine weitere Besonderheit dieser Einrichtung ist die Kooperation mit der angrenzenden Kita „Farbenspiel“. „Jung und alt gemeinsam, das ist grundsätzlich der Ansatz von Pflegen & Wohnen Hamburg“, erklärt Erika Wißmann. Dies soll für ein lebendiges Freizeitprogramm sorgen, dazu gibt es in Heimfeld auch einige Ansätze. Da wurde beispielsweise ein gemeinsamer Chor gegründet, es wird zusammen gebacken in den Pantry-Küchen der Gemeinschaftsräume und auch gemeinsam Gymnastik gemacht. Ingrid Holzkamp-Thäder: „An der Gymnastik haben die Senioren so viel Spaß, da sind sie dann den ganzen Tag gut gelaunt.“

Praxistipps

1. Die Bewohner bekommen „Showteller“ gezeigt. Das sind Ansichtsteller, auf denen sie sehen können, welche Wurst- und Käsesorten es abends zu essen gibt.
2. Es gibt berufsübergreifende Fortbildungen sowohl für Pflegekräfte als auch für Service- und Küchenkräfte zum Thema „Zu Hause zu Gast“.
3. Jeder Servicemitarbeiter muss wissen, was es zum Essen gibt und die Komponenten erklären können.

Hauswirtschaft zeigt Präsenz

Das Stiftungsdorf Fichtenhof der Bremer Heimstiftung wurde in den letzten Jahren nach und nach und bei laufendem Betrieb von einem klassischen Altenheim mit zentraler Versorgung umgebaut in neun Hausgemeinschaften mit jeweils einer Wohnküche. In dieser Phase des Umbaus waren das Organisationstalent und die Mitarbeiterführungsqualitäten von Hauswirtschaftsleiterin Siegrid Meinecke-Haar in besonderer Weise gefragt.

Bereits bei der Grundsteinlegung im Jahre 1989 durch Bremens damaligen Bürgermeister Dr. Henning Scherf wurde der Fichtenhof als ein beispielhaftes Konzept für moderne Altenpflege bezeichnet. Und zwar deshalb, weil der Grundsatz der maximalen Privatheit in der damaligen Konzeption eine große Rolle gespielt hat und 70 Prozent der Plätze als Einzelappartements eingerichtet wurden. 2006 stand dann wieder eine große Neuerung an: In der Einrichtung mit 90 Plätzen im stationären Bereich sowie 30 Plätzen im gerontopsychiatrischen Bereich wurden die Stationen umgebaut zu Hausgemeinschaften mit jeweils 13 bis 20 Bewohnern. In der Folge wurde der Großküchenbetrieb immer weiter heruntergefahren und die Versorgung über dezentrale Wohnküchen realisiert. Ende 2009 war es geschafft: Alle neun Hausgemeinschaften waren fertig und die Großküchenbetrieb wurde komplett eingestellt.

Bewohner und Mitarbeiter konnten sich auch bei der Namensfindung für die einzelnen Hausgemeinschaften beteiligen. So gibt es heute beispielsweise eine Hausgemeinschaft „Im Auetal" und eine Hausgemeinschaft „Am Blumengarten", die jeweils passend zum Namen eingerichtet wurden.

Bei der Neugestaltung lautete die Devise: Jeder Mitarbeiter bleibt im Haus.
„Diese Vorgabe finde ich nach wie vor gut", erklärt Einrichtungsleiterin Susanne Brockmann, die zusammen mit der heutigen Hauswirtschaftsleiterin und der Leiterin des Pflegedienstes vor vier Jahren als neues Leitungsteam in der Einrichtung startete.

Umbau im laufenden Betrieb

Der Träger der Einrichtung, die Bremer Heimstiftung, hatte durch das bekannte Pilotprojekt im Stiftungsdorf Rablinghausen Erfahrung mit der Planung von Hausgemeinschaften, doch wurde diese Einrichtung komplett neu gebaut. Im Fichtenhof war die besondere Herausforderung jedoch, eine Hausgemeinschaft nach der anderem im laufenden Betrieb umzubauen, die vorhandenen Mitarbeiter entsprechend umzusetzen und die Bewohner an die neue Wohnküchen-Situation zu gewöhnen.
„Doch wir haben gedacht, ein Umbau gehört eben auch zur Normalität, zu Hause wird doch auch umgebaut und es gibt Staub und Lärm. Unsere Bewohner sind nicht aus Zucker und haben im Leben schon viel mitgemacht", so Susanne Brockmann. Und wirklich fanden die meisten Bewohner den Umbauprozess spannend und haben sich lebhaft dafür interessiert. Umso mehr natürlich, weil Bewohner und Mitarbeiter auch konkret in die Gestaltung der Wohnküchen mit einbezogen wurden.
Mithilfe einer Freiwilligen wurden Puppenstuben quasi als Modell der jeweiligen Wohnküche angefertigt und jeweils drei Vorschläge für Tapeten, Stoffe, Böden, Oberflächen etc. gemacht. Mitarbeiter und Bewohner konnten dann abstimmen, was ihnen am besten gefällt. „Die Innenarchitektin ist natürlich fast verrückt geworden", berichtet Siegrid Meinecke-Haar lächelnd. Bewohner und Mitarbeiter konnten sich auch bei der Namensfindung für die einzelnen Hausgemeinschaften beteiligen, so gibt es heute beispielsweise eine Hausgemeinschaft „Im Auetal" und eine Hausgemeinschaft „Am Blumengarten", die jeweils passend zum Namen eingerichtet und dekoriert wurden.

Gemeinsam im Strandkorb: Einrichtungsleiterin Susanne Brockmann (links) und Hauswirtschaftsleiterin Siegrid Meinicke-Haar

Die größten Schwierigkeiten mit der Neukonzeption hatten laut der Hauswirtschaftsleiterin die Mitarbeiter, die schon 30 Jahre in der Altenhilfe tätig waren und die sich nun auf ein völlig neues Konzept einstellen mussten – unter anderem mit neuen Einsatzzeiten, Aufgaben und Ansprechpartnern. „Am Anfang hat keiner so richtig geglaubt, dass das Konzept jetzt wirklich umgesetzt wird, nach dem Motto: Geredet wird ja immer viel. Erst als die ersten Handwerker kamen, wurde klar, es geht wirklich los."
Immer wenn wieder eine neue Hausgemeinschaft eröffnet wurde, verringerte sich dadurch die Anzahl der Bewohner, die durch die Großküche verpflegt werden mussten, und einzelne Küchenmitarbeiter wurden in die Wohnküchen versetzt. Generell werden für das Hausgemeinschaftsmodell mehr hauswirtschaftliche Mitarbeiter gebraucht. Waren vorher 14 Mitarbeiter im hauswirtschaftlichen Bereich beschäftigt, sind es heute 40 mit unterschiedlichen Wochenstunden von sechs bis 38,5 Stunden. Alle vorhandenen hauswirtschaftlichen Mitarbeiter wurden übernommen. Außerdem gingen Mitarbeiter, die vorher in Hauswirtschaft und Pflege beschäftigt waren, nun ganz in die Hauswirtschaft. Der Rest wurde neu eingestellt oder aus Integrationsmaßnahmen übernommen.

Arbeiten nah am Bewohner

Mitarbeiter, die jahrzehntelang beispielsweise an der Spülstraße standen, arbeiten nun auf einmal ganz nah am Bewohner. Viele Mitarbeiter aus der Großküche waren laut der HWL kochtechnisch sehr gut ausgebildet, aber die Präsenz in der Wohnküche war für einige sehr schwierig. Die Aufgabe lautete nun, die Bewohner so weit zu unterstützen, wie sie es benötigen. Wurden vorher die Brote mundgerecht vorbereitet, wird heute Hilfe zur Selbsthilfe angeboten. Auch für die Bewohner bedeutet dies eine Umstellung, so waren anfangs nicht alle begeistert davon, dass sie ihr Brot nun wieder allein streichen sollten …
„Zwei Mitarbeiter sind gegangen, sie konnten sich mit der Situation nicht anfreunden und haben sich im neuen Gefüge nicht wohl gefühlt, das muss man auch akzeptieren", so die HWL.
Natürlich wurden die Mitarbeiter auch entsprechend vorbereitet. So gab es im Vorfeld eine Schulungsreihe von der Bremer Heimstiftung zur Vorbereitung auf die neue Rolle als Präsenzkraft. Außerdem konnten die Mitarbeiter auch in andere Häuser fahren, um sich das Hausgemeinschaftskonzept vor Ort anzusehen. Angeboten wird von der Heimstiftung ebenfalls eine Weiterbildungsmaßnahme zur Alltagsbegleiterin mit rund 480 Wochenstunden. Da-

Das Stiftungsdorf Fichtenhof der Bremer Heimstiftung: Bei laufendem Betrieb wurde das klassische Altenheim mit zentraler Versorgung umgebaut in neun Hausgemeinschaften mit jeweils einer Wohnküche

ran haben gleich drei Mitarbeiterinnen aus dem hauswirtschaftlichen Team teilgenommen. „In der Leitungsrunde haben wir immer wieder darüber beraten, ob es gut ist, wie wir das machen, oder wie wir Mitarbeiter noch besser unterstützen können", erzählt Siegrid Meinecke-Haar. Manche Mitarbeiter haben aggressiv, abweisend oder ängstlich auf die neue Herausforderung reagiert. „Hier mussten wir sehr wachsam sein und immer wieder Gespräche anbieten." Außerdem wurde den Mitarbeiterinnen, die aus der Großküche in die Wohnküche wechselten, immer eine bereits erfahrene Wohnküchen-Mitarbeiterin an die Hand gegeben. Und es gab laut der HWL unter den Hauswirtschaftsmitarbeitern auch wahre Naturtalente, die durch die neue Aufgabe regelrecht aufgeblüht sind und sich sehr kreativ und einfühlsam im Umgang mit den Bewohnern zeigten.

Viele Gespräche waren notwendig

„Wir haben natürlich vorher mit allen Mitarbeitern Gespräche geführt und beobachtet, wie sie sich am Arbeitsplatz verhalten. Aber wie die Einzelnen dann wirklich in der Wohnküche klarkommen, das kann man einfach vorher nicht sagen", erklärt die HWL. Ganz schnell wurde dann auch eine Besprechungskultur entwickelt. So trifft sich nun Hauswirtschaft und Pflege einmal monatlich zu einer Besprechung, danach geht jeder in seinen Fachbereich zu einer separaten Besprechung.

Blick in eine der neun Wohnküchen. Gemeinsam mit den Bewohnern wurden Gurken geschrubbt, Apfelscheiben geschnitten und Saft gemacht.

Neu eingerichtet wurde eine Bereichsleiterebene mit drei hauswirtschaftlichen Bereichsleitern analog zur Pflege. Diese Aufgabe übernommen haben der ehemalige stellvertretende Küchenleiter, eine Alltagsbegleiterin sowie eine Erzieherin, die derzeit eine verkürzte Ausbildung zur Hauswirtschafterin absolviert. Die Bereichsleiter übernehmen neben ihrer Zuständigkeit für einzelne Hausgemeinschaften und den zugehörigen Hauswirtschaftskräften jeweils auch übergeordnete hauswirtschaftliche Aufgaben.
So ist der stellvertretende Küchenleiter und Koch Björn Fischer unter anderem für die Verpflegungsleistungen zuständig wie zum Beispiel den Rahmenspeiseplan und den Lebensmitteleinkauf. Die zweite Bereichsleiterin, Alltagsbegleiterin Christel Stern, übernimmt die Wohnraumgestaltung und die Materialausgabe. Und die dritte Bereichsleiterin, die angehende Hauswirtschafterin Ingrid Gruchenberg, kümmert sich um die Wäscheversorgung. In den einzelnen Hausgemeinschaften gibt es noch jeweils eine Alltagsbegleiterin, die als Koordinatorin der Wohnküche fungiert und für die Haushaltsführung, Dokumentation etc. zuständig ist. Natürlich gab es unter den Mitarbeitern immer mal wieder Diskussionen zu Fragen wie „Warum wird die Teamleiterin und nicht ich?“ oder „Warum soll ich in dieser Hausgemeinschaft arbeiten und nicht in einer anderen?“
„Wir haben immer gesagt: Das Personal-Karussell dreht sich so lange, bis die letzte Wohnküche fertig ist. Und wir haben manches probiert und wenn es nicht ging, dann auch wieder geändert. Wichtig war, dass wir immer versucht haben, die Mitarbeiter einzubeziehen“, sagt Siegrid Meinecke-Haar.
Für viele Mitarbeiter war es auch motivierend zu sehen: Hier gibt es Aufstiegschancen für uns, ich kann beispielsweise Teamleiterin werden oder an Schulungen teilnehmen zum Beispiel zu den Themen Expertenstandards, Ernährung, Validation, Biografiearbeit oder Dokumentation. „In Teamgesprächen heben wir auch Dinge hervor, die beispielsweise in einer Wohnküche besonders gut gelaufen sind und es gibt auch schon mal eine Schachtel Merci als Dank für besonderen Einsatz“, so die HWL. Sehr gut kam der Vorschlag einer Hauswirt-

Atmosphäre soll auch durch Erinnerungstücke geschaffen werden

schaftskraft an, bei Führungen durch die Wohnküche den Besuchern Kaffee anzubieten. Dies hat auch den Vorsitzenden der Bremer Heimstiftung, Alexander Künzel, bei einem Rundgang durch das Haus sehr imponiert.

Auf der anderen Seite ist es laut Siegrid Meinecke-Haar aber auch wichtig, dass Mitarbeiter, die ihre Arbeitsaufträge nicht richtig erfüllen, Konsequenzen zu spüren bekommen, sonst demotiviert dies die Mitarbeiter, die es gut machen.

Führungsstil von autoritär bis kooperativ

Ihren Führungsstil beschreibt die Hauswirtschaftsleiterin, die vorher schon in vielen verschiedenen Bereichen wie Kita, Krankenhaus und in der Behindertenhilfe gearbeitet hat und auch Gebäudereinigungsmeisterin ist, folgendermaßen: „Ich habe alles im Repertoire, von kooperativ bis autoritär je nach Situation und Mitarbeiter." Wenn ein Mitarbeiter sich dem Bewohner gegenüber nicht angemessen verhält oder Angehörige nicht ernst nimmt, dann wird das Fehlverhalten auch entsprechend geahndet. Ihre Stärken als Führungskraft sieht sie generell im Aufbauen, Umstrukturieren, Verknüpfen. Wichtig ist ihr das Verständnis für die Bewohner. So geht es aus ihrer Sicht immer darum, die Ressourcen der Bewohner zu erhalten und zu unterstützen.

Und ihre Schwächen als Führungskraft? „Ich muss daran arbeiten, dass ich geduldiger werde und lerne, Mitarbeitern für bestimmte Dinge mehr Zeit zu lassen. Ich hake Dinge gerne ab und dann kommt das nächste." Tratsch und Hetzkampagnen mag sie überhaupt nicht. „Wenn wir gemerkt haben, so etwas ist im Gange, sind wir als Führungskräfte immer gleich hineingegangen in das Problem. Die Mitarbeiter merken dann, wir sind am Ball, sie können uns nicht ausspielen."

Von den 40 Mitarbeitern im hauswirtschaftlichen Bereich sind 26 bei der Tochtergesellschaft Bremer Dienstleistungs-Service GmbH beschäftigt und 14 bei der Bremer Heimstiftung. Die hauswirtschaft-lichen Dienstleistungen sind von der Bremer Heimstiftung an die Tochtergesellschaft fremd vergeben und durch einen Werkvertrag geregelt. Es gibt unterschiedliche Vergütungssysteme, wobei die Heimstiftungs-Mitarbeiter eindeutig besser gestellt sind. Alle neuen hauswirtschaftlichen Mitarbeiter werden nur noch über die Bremer Dienstleistungs-Service GmbH eingestellt.

„Das gab natürlich viel Unruhe am Anfang und häufig die Frage, warum die eine oder andere Kollegin in der Wohnküche mehr verdient. Da brauchte es viele Gespräche mit den Mitarbeitern. Doch wir sagen heute, das ist eine nicht änderbare Tatsache", erklärt Siegrid Meinecke-

Haar. Gut findet sie auch, dass zwei Mitarbeiter in ihrem Team Betriebsratsmitglieder in den Betriebsräten der Bremer Heimstiftung als auch im Bremer Dienstleistungs-Service sind. „Eine Mitarbeitervertretung finde ich sehr wichtig und das macht es einfacher, bestimmte Dinge durchzusprechen."

Alltagsaktivierung durch Hauswirtschaft

Der Arbeitsplatz für die hauswirtschaftlichen Mitarbeiter hat sich durch das Hausgemeinschaftskonzept generell sehr gewan-delt. Der Lebensmittelpunkt jeder Hausgemeinschaft ist die Wohnküche und die Aufgabe der Hauswirtschaftskraft besteht auch darin, die Bewohner zu ermutigen, sich an den häuslichen Verrichtungen zu beteiligen. Ist eine aktive Teilnahme nicht mehr möglich, soll immer noch ein Dabeisein und das Mit-Erleben ermöglicht werden. Der Alltag soll gemeinsam gestaltet werden, dies dient als Orientierungshilfe für den ganzen Tag. Mit kurzer Unterbrechung sind die Wohnküchen von 7.30 bis 19.30 Uhr mit einer Hauswirtschaftskraft besetzt. Durch alltagsaktivierende Maßnahmen sollen die Bewohner an Gewohntes erinnert werden, Fähigkeiten und Fertigkeiten sollen belebt werden, alle Sinne angeregt und Gefühle angesprochen werden. Das kann genauso beim Kochen, beim Staubwischen, beim Legen von Wäsche oder beim Gießen von Pflanzen geschehen.
Ein Beispiel für eine gelungene Alltagsaktivierung war ein „Einwecktag", der im letzten Jahr in den Hausgemeinschaften stattfand. Dafür kamen Kinder aus der Kita Firlefanz, die ihr Domizil in Räumen direkt angrenzend am Fichtenhof hat, in die Wohnküchen. Gemeinsam mit den Bewohnern wurden Gurken geschrubbt, Apfelscheiben geschnitten und Saft gemacht. Entstanden sind Köstlichkeiten wie Marmelade, Kompotts, eingelegte Gurken oder auch Heidelbeerschnaps. „Das war der Renner nicht nur bei den Bewohnern, sondern auch bei den Mitarbeitern und soll jetzt zur Tradition werden", berichtet die HWL. Ziel ist, noch gezielter biografisch zu arbeiten und auch die Essbiografien der Bewohner durch solche Aktionen und Gespräche zu erweitern. Insgesamt kommt das Hausgemeinschaftskonzept des Fichtenhofs bei den Bremern anscheinend sehr gut an, denn das Haus ist voll belegt und es gibt eine Warteliste. „Und da sind wir sehr froh drüber, weil es zeigt, dass unsere Richtung stimmt", so das Fazit von Siegrid Meinecke-Haar.

Praxistipps

1. Mithilfe einer Freiwilligen wurden Puppenstuben quasi als Modell der jeweiligen Wohnküche angefertigt und jeweils drei Vorschläge für Tapeten, Stoffe, Böden, Oberflächen etc. gemacht.
2. Generell werden für das Hausgemeinschaftsmodell mehr hauswirtschaftliche Mitarbeiter gebraucht.
3. Neu eingerichtet wurde eine Bereichsleiterebene mit drei hauswirtschaftlichen Bereichsleitern analog zur Pflege.

Hilf mir, es (noch) selbst zu tun!

Die Montessori-Pädagogik kennt man bisher aus der Arbeit mit Kindern. In Berlin wurde dieser Ansatz jetzt erstmals auf die Altenhilfe übertragen, hier gibt es mittlerweile zwei Montessori-Demenz-WGs. Wir stellen die Besonderheiten des Konzeptes vor.

„Hilf mir, es selbst zu tun“, so lautete ein wichtiger Ansatz von Maria Montessori, die 1870 in Italien geboren wurde und als erste Frau im Land den Doktortitel in Medizin erwarb. Sie arbeitete als junge Assistenzärztin mit geistig behinderten Kindern und erkannte dabei die große Bedeutung der Motorik und der Sinnestätigkeit für die geistige Entwicklung der Kinder. Der reformpädagogische Ansatz der Medizinerin wird heute in vielen Einrichtungen für Kinder und Jugendliche in Deutschland und weltweit praktiziert.

„Hilf mir, es noch selbst zu tun! So könnte man den Ansatz von Maria Montessori auf unsere Demenz-WG abwandeln“, sagt Ines Buchholz, WG-Leitung in der Wohngemeinschaft in Berlin-Wilmersdorf. Auf 360 qm leben hier elf Senioren in einer sanierten Altbauwohnung im vierten Stock eines Mietshauses zusammen. Jeder Bewohner hat ein eigenes Zimmer, mittendrin liegt die rund 40 qm große Wohnküche als zentraler Treffpunkt. Die Bewohner sind zwischen 68 und 94 Jahre alt und alle sind an Demenz erkrankt.

Wie kam es dazu, eine Demenz-WG nach einem Montessori-Ansatz zu gründen? Die Initiatoren der WG sind die Geschwister Karin und Jörg Wellenkötter, die nach negativen Erfahrungen mit traditionellen Pflegeheimen eine Wohnalternative für ihre eigenen Eltern suchten. Beide Eltern waren an Demenz erkrankt und das Geschwisterpaar bemerkte, dass es ihnen im Pflegeheim schnell schlechter ging und sie emotional vernachlässigt wurden.

Beziehungsvolle Pflege: WG-Leiterin Ines Buchholz mit einem Bewohner

Das Herumgeben der Klangschale läutet die „Stille Übung" ein

Vorbereitungen für das Mittagessen

Beschäftigung mit typischen Montessori-Sinnesmaterialien

Karin Wellenkötter ist Geschäftsführerin des Unternehmens Montessori & Friends, das in Berlin Kinderhäuser, eine Weiterbildungsakademie sowie eine Schule betreibt. Sie hatte die Idee, dass sich die Grundprinzipien der Montessori-Pädagogik, wie z. B. die Beschäftigung mit Sinnesmaterialien, gut auf die Arbeit mit demenziell erkrankten Senioren übertragen lassen. 2011 wurde unter dem Dach von Montessori & Friends die erste Demenz-WG in Wilmersdorf eröffnet und 2013 eine zweite in Friedenau. Für die Betreuung und Pflege wurde 2010 der Montessori & Friends Pflegedienst gegründet. Die ersten Bewohner waren die Eltern des Geschwisterpaares Wellenkötter.

Die Übungen des täglichen Lebens

Das Leben in der WG orientiert sich am Hausgemeinschaftsprinzip, die Bewohner sollen sich wie in einer großen Familie fühlen. Nach der Grundpflege am Morgen finden sich die Bewohner in der Großküche ein, sie dient als Ort der Kommunikation und soll auch eine Inspiration aller Sinne sein. Die Bewohner sind dazu eingeladen, an den hauswirtschaftlichen Tätigkeiten, die hier Übungen des täglichen Lebens heißen, teilzunehmen.

Auch Groß-Puzzles werden zur Aktivierung eingesetzt

Praktisches Lebenstraining soll dazu führen, dass die Ressourcen der Bewohner so lang wie möglich erhalten bleiben

„Wir möchten die Menschen in den Tagesablauf einbinden, denn nichts anderes haben sie früher zu Hause getan", erklärt Ines Buchholz, die examinierte Krankenschwester ist, später eine Montessori-Ausbildung absolvierte und in einem Montessori-Kindergarten tätig war. Das Problem seien oft die Mitarbeiter, die alles selber machen wollen, weil es dann schneller geht, und die Schwierigkeiten haben, auf die Bewohner einzugehen. „Das Wichtigste ist, keinen Druck auf die Bewohner auszuüben, denn dann werden sie unruhig und ungehalten. Türen knallen oder laute Geräusche gehen gar nicht." Für die Anleitung und Begleitung der Demenzkranken in der WG ist ein Ergotherapeut zuständig, der ab 8.30 Uhr im Haus ist. Für das praktische Lebenstraining nach Montessori ist eine „geordnete Umgebung" sehr wichtig. Daher bereitet der Ergotherapeut zunächst die „Arbeitsplätze" der Bewohner vor, das heißt, er richtet für die gemeinsame Zubereitung des Mittagessens Schneidbretter und Messer her, dazu Tomaten, Gurken, Kartoffeln, je nachdem, was ansteht. Dann holt er die Bewohner in die Küche und erklärt jedem, was zu tun ist.

„Unser Ergotherapeut kocht dann gemeinsam mit den Bewohnern das Mittagessen. Zu seinen speziellen Aufgaben gehört auch der therapeutische Einkauf mit den Bewohnern, was ganz oft nur in Einzelbetreuung umsetzbar ist", so Ines Buchholz.

Zum praktischen Lebenstraining gehört auch der Abwasch, das Geschirr ein- und ausräumen, das Fegen der Küche sowie das Tischdecken. Nachmittags wird immer zusammen Brot gebacken für den nächsten Tag. Der Handlungswille bei den dementen Bewohnern sei auf jeden Fall da, sagt Ines Buchholz. „Sie wollen nicht nur herumsitzen, und wenn sie sich langweilen, werden sie traurig, ihre Stimmung verändert sich. Es geht auch nicht darum, perfekt zu sein, sondern gemeinsam Spaß zu haben, sich an früher zu erinnern."

Weitere hauswirtschaftliche Tätigkeiten wie Wäsche waschen und aufhängen übernehmen Pflegehelfer und Praktikanten. Dies soll auch in Zusammenarbeit mit den Bewohnern geschehen. „Wenn man allerdings nicht aufpasst, hängen neue Mitarbeiter die Wäsche gern selber auf. Es ist manchmal harte Arbeit, die Mitarbeiter dazu zu bringen, die Bewohner helfen zu lassen.“ Drei Mal pro Woche kommt eine fest angestellte Reinigungskraft, die die Bewohnerzimmer, den Flur und den Hauswirtschaftsraum reinigt. Alle anderen Reinigungstätigkeiten werden von Pflegehelfern im Nachtdienst übernommen. Sie reinigen die Bäder, die Wohnküche und die Küchenzeile.

Ressourcen möglichst lange erhalten

Wie der Tag in der WG verläuft, ist laut der WG-Leiterin stark situationsabhängig. Mal sind alle Bewohner konzentriert dabei, aber es gibt auch Streit und Konflikte, die man dann schlichten muss. „Es geht darum, dass die Ressourcen der Bewohner so lange wie möglich erhalten bleiben und auch, dass sie Wertschätzung erfahren für das, was sie tun.“ Wichtig ist es laut Ines Buchholz, den Menschen als Ganzes zu sehen. Kinder seien von Haus aus neugierig, bei Demenzkranken müsse man die Neugier oft erst wecken.

Umgesetzt werden soll der Ansatz der „beziehungsvollen Pflege“ von Maria Montessori, bei dem es um Achtsamkeit und Behutsamkeit geht, die in der Arbeit mit Senioren genauso ihre Gültigkeit haben wie bei der Arbeit mit Kindern. Außerdem wird nach dem Prinzip der „aktivierenden Pflege“ nach Monika Krohwinkel gearbeitet.

Mittlerweile bietet Montessori & Friends auch einen speziellen Kurs „Seniorenpädagogik“ an, bei dem Interessierte in das ganzheitliche Konzept der Spätförderung eingeführt werden. Auch wurden speziell für Senioren geeignete Montessori-Sinnesmaterialien entwickelt. Diese sollen demenzkranken Menschen helfen, vergessene Handlungsabläufe zu reaktivieren. Stress-Symptome wie Aggressivität oder Frustration sollen dadurch vermieden werden.

Ines Buchholz bietet jeweils mittwochs in ihrer WG eine „Stille Übung“ an, bei der sich alle reihum in einem Bewohnerzimmer treffen. Dann werden die Stühle wie im Kindergarten in einem Stuhlkreis aufgestellt. Es wird nicht gesprochen, sondern eine Klangschale herumgegeben, darauf folgt eine Entspannung bei klassischer Musik. „Hier geht es zunächst darum, dass sich die Bewohner im Stuhlkreis akzeptieren, geduldig sind, abwarten können.“

Die WG-Leiterin hat schon verschiedene Materialien aus der Montessori-Pädagogik zurechtgelegt. Es werden beispielsweise Schütt-Übungen mit farbigem Wasser oder auch mit Grieß gemacht, Erbsen werden von einem Gefäß in ein anderes gelöffelt oder es wird geübt, Sand aus einem Fläschchen durch einen Filter zu gießen. Diese Übungen schulen die Motorik und sollen die Ruhe und Konzentration fördern. Ein positiv besetzter Übungsvorgang mit einem sich daraus entfaltenden Erfolgserlebnis soll die Selbstständigkeit fördern und das Selbstbewusstsein erhalten.

Bei den Übungen kommt ein weiteres Montessori-Phänomen, nämlich die „Polarisation der Aufmerksamkeit“, zum Tragen. Damit ist die Fähigkeit der tiefen Konzentration während der Beschäftigung mit einem selbstgewählten Gegenstand gemeint. Die Konzentrationsfähigkeit ist nach Maria Montessoris Auffassung eine grundlegende Voraussetzung für Lernprozesse.

Engagierte Mitarbeiter sind unabdingbar

„Wenn man in unsere WG kommt, soll man auch erkennen, dass es sich um eine Montessori-WG handelt", sagt Ines Buchholz. Daher steht im Eingangsbereich eine alte Truhe mit einer Klangschale, darüber hängt ein Montessori-Kalender. Auch gibt es ein riesiges Gruppenbild mit allen Bewohnern, um die Gemeinsamkeit zu betonen. Der eigentlich typische Jahreszeitentisch, bei der die Natur im Wechsel der Jahreszeiten erlebbar gemacht werden soll, fehlt allerdings: „Den würden unsere Bewohner sofort abräumen."
Laut der WG-Leiterin erfordert das Montessori-Konzept sehr engagierte Mitarbeiter. Die dementen Bewohner müssen ständig begleitet, angeleitet, ermuntert werden. Da sei die eine Bewohnerin, die selbstständig gar nicht mehr für sich sorgen kann, die gewaschen und angekleidet werden muss, weil sie ihre Kleidung nicht mehr findet. Aber wenn man sie nach den in ihrem Zimmer ausgestellten Reisesouvenirs befragt, kann sie dazu sehr viel aus ihrem Leben erzählen. Sie genießt es dann, im Mittelpunkt zu stehen, fühlt sich wichtig und lebt auf.
„Grundsätzlich geht es darum, die Menschen zu beschäftigen, zum beispiel es mit Gedächtnistraining in Verbindung mit den Sinnesmaterialien, die den Geist anregen, Kreuzworträtseln, Volkslieder singen, die Erinnerungen wecken, sowie Spaziergängen außerhalb der WG. Das ist anstrengend und das kann auch nicht jeder", so Ines Buchholz. Dass die Bewohner sich gegenseitig auf den Zimmern besuchen, sei sehr selten. „Das haben wir noch nicht geschafft, weil keiner einfach so auf den anderen zugeht. Dafür gibt es zu viele Ängste und auch starke Stimmungsschwankungen."
Übrigens: Fernsehen ist keine Beschäftigungsoption, höchstens mal während der Fußball-Weltmeisterschaft, denn der Fernseher passt nicht zur Montessori-Pädagogik …

Praxistipps

1. Das Wichtigste ist, keinen Druck auf die Bewohner auszuüben, denn dann werden sie unruhig und ungehalten.
2. Es geht nicht darum, perfekt zu sein, sondern gemeinsam Spaß zu haben, sich an früher zu erinnern.
3. Ines Buchholz bietet jeweils mittwochs in ihrer WG eine „Stille Übung" an, bei der sich alle reihum in einem Bewohnerzimmer treffen.

„Wir wollen eine Heimat sein"

Hinter hohen Bäumen verborgen, findet man den Weg zum Monsignore-Bleyer-Haus (MBH) in München-Pasing nicht auf Anhieb. Hat man ihn jedoch gefunden, wird der erste Eindruck der vollkommenen Abgeschiedenheit schnell Lügen gestraft. Man wird unverzüglich herzlichst begrüßt und blickt in lächelnde Gesichter. Auch sämtliche Arbeit, die von der Werkstatt des MBH absolviert wird, ist alles andere als weltfremd oder realitätsfern.

Das Monsignore-Bleyer-Haus ist eine Komplexeinrichtung zur Eingliederung geistig behinderter Erwachsener. In seinen zwölf Arbeitsgruppen werden Produkte hergestellt, die in vielerlei Industriezweigen Verwendung finden. Das Haus kooperiert mit unterschiedlichsten Unternehmen, sei es für Praktika für die Beschäftigten der Werkstätten oder in einer Geschäftsbeziehung. „Es ist uns sehr wichtig, dass Leute von außen kommen und unsere Leute auch nach außen gehen", so Werkstattleiter Thomas Heilmann. Inklusion ist hier nicht nur ein Wort, sondern wird auch aktiv gelebt. Insgesamt werden zirka 430 Menschen mit geistiger und teilweise körperlicher oder Mehrfachbehinderung im MBH betreut. Davon leben 130 in den 13 Wohngruppen. In den Wohngruppen der „Werkstattgänger" leben in der Regel zwölf Bewohner, in den Wohngruppen der Schwerst- oder Mehrfachbehinderten leben neun Bewohner. Die Rentner sind Teil der tagesstrukturierten Maßnahme, die ermöglicht, auch im Alter Teil einer Gemeinschaft zu sein und einen sinnvollen und strukturierten Tagesablauf zu gestalten. Daneben gibt es in der Werkstatt die Schongruppe.

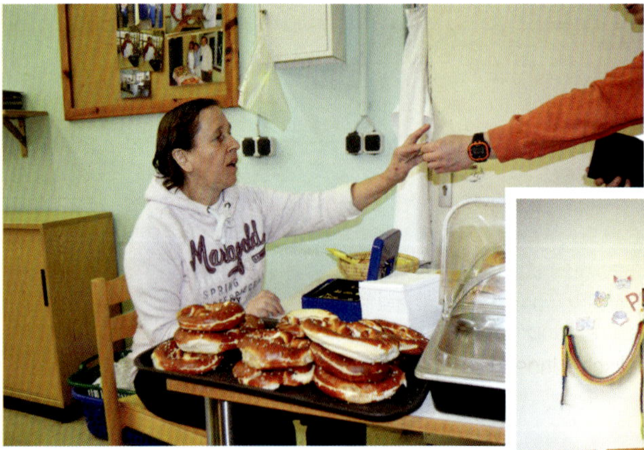

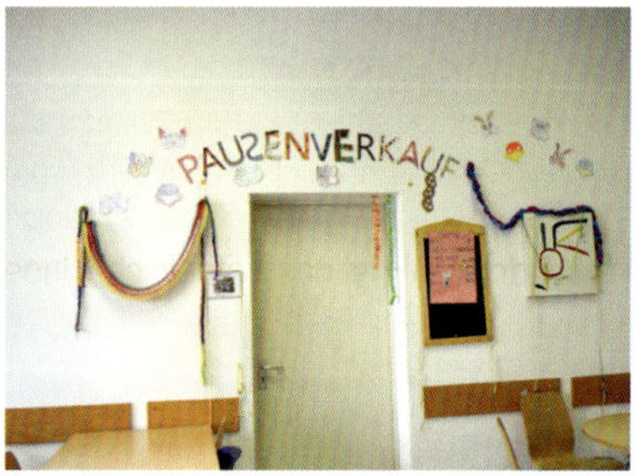

Der von der hauswirtschaftlichen Gruppe organisierte Pausenverkauf ist eine sehr willkommene Unterbrechung des Vormittags

Diese bietet Menschen, die das Rentenalter noch nicht erreicht haben oder solchen, welche sich dem Druck der Werkstatt nicht ständig aussetzen können, einen Arbeitsplatz. Wichtiger Aspekt der Gruppe sind die Entspannungsphasen. „Allerdings“, und das betont Heilmann, „sollen auch die Teilnehmer in den Schongruppen arbeiten. Die Arbeit wird bei uns als Medium genutzt.“

Inklusion leben

Die Zusammensetzung der Betreuten des MBH hat sich im Laufe der Zeit verändert. Anfangs waren vornehmlich Erwachsene mit klassischen geistigen Behinderungen, wie zum Beispiel Down-Syndrom, hier beheimatet. Mittlerweile allerdings rückt die duale Diagnostik in den Vordergrund, das heißt Menschen mit psychisch-geistigen Problemen. Dadurch eröffnet sich ein neues Aufgabengebiet. In den von Heilmann betreuten Werkstätten arbeiten insgesamt zirka 170 Menschen, sowohl Bewohner der Wohngruppe als auch Menschen von anderen Einrichtungen. 30 Menschen mit Schwer-Mehrfachbehinderung werden gezielt gefördert und sinnvoll in der Förderstätte beschäftigt. In der Regel kommen die zu Betreuenden von Sonderschulen und verfügen selten über eine „Werker“-Ausbildung. Die Arbeitsagentur ist der Kostenträger in den ersten 27 Monaten des Werkstattaufenthaltes. An die Teilnehmer werden, gesetzlich festgelegt, mindestens 70 Prozent der Einnahmen der Werkstätten ausbezahlt; den Restbetrag kann das Haus als Lohnrücklage einbehalten. Der Werkstattplatz ist kostenfrei, allerdings müssen die Bewohner des Wohnheims einen Beitrag zuzahlen. In der Werkstatt arbeiten zirka 40 Betreuer, darunter Meister des Handwerks mit sonderpädagogischer Zusatzqualifikation, Arbeitserzieher, Heilerziehungspfleger oder geprüfte Fachkräfte zur Arbeits- und Betriebsführung. Unterstützt wird das Team durch Sozialpädagogen und Psychologen. Extern gibt es die Möglichkeit zur Logopädie, Ergotherapie oder Physiotherapie.

Das Monsignore-Bleyer-Haus und seine Geschichte

Unter der Leitung des damaligen 1. Vorsitzenden und geschäftsführenden Direktors Monsignore Wilhelm Bleyer eröffnete das Katholische Jugendsozialwerk 1956 in München-Pasing zunächst das „Lehrlingsheim“ an der Avenariusstraße. Seit 1969 werden hier behinderte Menschen betreut und gefördert. Nach Abschluss der letzten Neubau- und Sanierungsmaßnahmen 1996 erhielt das Zentrum den Namen „Monsignore-Bleyer-Haus“ und integriert auf Grundlage neuester Erkenntnisse Wohnheim, Werkstatt und Förderstätte. 1998 wurde das Monsignore-Bleyer-Haus mit der DIN EN ISO 9001:2008 zertifiziert. Weitere Informationen unter www. wfbm-obb.de/mbh. Der Träger des MBH ist das Katholische Jugendsozialwerk. Der Verein CaPHANDY spielt eine wichtige Rolle bei der Unterstützung der Arbeit von Werkstätten für behinderte Menschen, deren Träger Mitglied im Deutschen Caritasverband sind. CaPHANDY steht für ein interessantes Fortbildungsangebot, gelebte und erfolgreiche Netzwerktätigkeit, Synergieeffekte durch vertrauensvolle Zusammenarbeit und den offenen Austausch innovativer Ideen.

Die Speisesaal-Rotunde

„Werkstatt ist keine Sackgasse"

Das Haus beheimatet ein extrem breites Spektrum an verschiedenen Arbeitsstätten, darunter Metallverarbeitung, Schreinerei, Montage, Mailing/Versand, Konfektionierung/Verpackung, Papier, Mattenschneiderei, Wäscherei und Gärtnerei. Diese Werkstatt für behinderte Menschen (WfbM) ist nach DIN EN ISO 9001: 2008 zertifiziert. Der Verpflichtung einer Zertifizierung möchte das Haus selbstverständlich mit der angemessenen Hochwertigkeit des jeweiligen Endprodukts nachkommen – und so verwundert es nicht weiter, dass die Werkstatt einen sehr hohen Qualitätsanspruch hat und auf ihre Produkte eine Garantie gibt. Die Werkstätten verfolgen zweierlei Ziele: zum einen den Teilnehmern eine Integration in den Arbeitsmarkt zu ermöglichen. Zum anderen dient die Tätigkeit in den Werkstätten der Persönlichkeitsförderung. Generell ist das Ideal stets die erfolgreiche Vermittlung auf den ersten Arbeitsmarkt. Das, bedauert Heilmann, ist in seinen zwölf Arbeitsjahren im Haus bislang allerdings nur vier Mal geglückt. Der Werkstattleiter beklagt, dass es nicht einfacher ist, seine Schützlinge zu vermitteln, denn: „Unsere Leute wollen arbeiten – wahrscheinlich mehr als andere. Die MAN-Verpackungsgruppe ist montags und donnerstags eigentlich eher grantig, wenn sie nicht gleich etwas zu tun hat." Dann nämlich gibt es vormittags wegen der Lieferungen neuer Produkte des Fahrzeug- und Maschinenbaukonzerns MAN einen kleinen Leerlauf. Bevor die Produkte von der Gruppe weiterverarbeitet werden können, müssen sie zuerst noch dokumentiert und eingeräumt werden. Die meisten der Geschäftsbeziehungen zu Hauptkunden wie zum Beispiel MAN, Avery Zweckform oder Eriks bestehen schon seit Jahren. Neue Kunden erfahren zumeist durch Mundpropaganda oder das Internet vom Monsignore-Bleyer-Haus und seinen Diensten. Daneben sind die internen Kunden ein wichtiges Standbein, so werden auch beispielsweise Wäsche für das Wohnheim gewaschen oder Möbel für Einrichtungen des Katholischen Jugendsozialwerks, den Träger des Hauses, gefertigt. Daneben werden viele Aufträge in Kooperation mit anderen Behindertenwerkstätten abgewickelt. Dies ermöglicht, dass so gut wie jeder Kunde bedient und jeder Auftrag erfüllt werden kann.

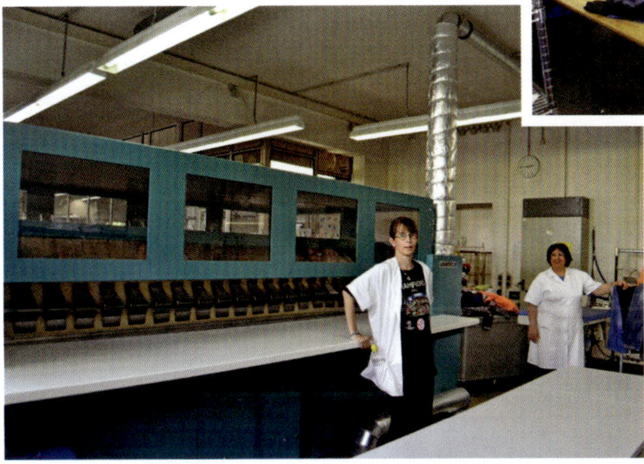

Mangeln in großer Dimension – basierend auf der Software „scantex“ wird das Sortieren von Wäsche erleichert (Foto oben rechts)

Lichter weisen den Weg

Jeder Beschäftigte des MBH erhält einen Vertrag. Es kommt vor, dass dieser Vertrag nicht gänzlich erfüllt werden kann. Gekündigt wird allerdings niemandem, stattdessen tritt ein Aufhebungsvertrag in Kraft. Meist wird im Dialog mit anderen Einrichtungen eine Lösung gefunden, um jedem Teilnehmer ein ungesicherteres Dasein ohne Unterstützung und Hilfe zu ersparen.

Die Wäscherei des MBH ist ein wichtiges Standbein. Gewaschen wird einerseits für die eigenen Wohngruppen, andererseits werden auch externe Abnehmer bedient: Altenheime, Werkstätten, Gastronomiebetriebe, Hotels oder auch Ämter.

Die Wäscherei ist selbstverständlich in einen Rein- und einen Schmutzbereich unterteilt, Hygieneregeln werden stets beachtet. Drei große Waschmaschinen, zwei Maschinen mit 50 Kilogramm und eine Maschine mit 25 Kilogramm Fassungsvermögen, werden durch drei Trockner ergänzt. „Insgesamt waschen wir zwischen 300 und 400 Kilogramm Wäsche pro Tag; jährlich sind es so zirka 60 Tonnen“, so der Werkstattleiter. Dazu verfügt das Haus außerdem über zwei große Mangeln und einen Bügelbereich.

Das Monsignore-Bleyer-Haus hat ein besonderes Sortierungsverfahren für die Wäsche. Da es vorkommen kann, dass Beschäftigte nicht lesen können, gibt es eine Hilfestellung für das Sortieren. Dabei haben die verschiedenen Kleidungsstücke einen Patch, auf dem ein Barcode angebracht ist. Dieser wird von einem Mitarbeiter gescannt, auf einem Bildschirm erscheinen dann Informationen zum Eigentümer des Textils wie Name, Wohngruppe – aber noch wichtiger: eine Nummer. Diese Nummer benennt das Regalfach, in das die Wäsche einsortiert werden muss. Zusätzlich zu der Nummer ist am Regalfach ein kleines Lämpchen angebracht, welches leuchtet, wenn ein Kleidungsstück mit der entsprechenden Nummer gescannt wird. Somit können auch Beschäftigte, die Schwierigkeiten mit dem Lesen oder generell mit dem Erkennen von Buchstaben oder Zahlen haben, leicht das passende Regal finden. Im Regal werden die verschiedenen Wäschestücke gestapelt, dann nach Beendigung des Vorganges entsprechend der Wohngruppe in einen Wagen geladen und in die Wohngruppe gebracht. Dort muss dann nur noch das fertige „Paket“ in den Schrank gepackt werden. Die Software „scantex“ wurde optimal an die Bedürfnisse des MBH angepasst.

Der Pausenverkauf ist ein Event

Vergleichbar mit vielen Großbetrieben bietet selbstverständlich auch das MBH eine vielfältige, auf die jeweiligen Bedürfnisse der zu Versorgenden abgestimmte Auswahl an Speisen an. Für jeden ist etwas dabei, von Vollkost bis zur Spezialdiät (wie beispielsweise Laktoseintoleranz oder Zöliakie), von Vegetarismus bis zu Ernährungsangeboten basierend auf verschiedenen Glaubensrichtungen. In den Wohnheimgruppen wird gemeinsam gefrühstückt und zu Abend gegessen, das Mittagessen jedoch nehmen alle gemeinsam im großen Speisesaal ein. Dies allerdings bezieht sich ausschließlich auf die Wochentage. Samstags und sonntags kochen die Bewohner der Wohngruppen eigenständig. Ein Proviantwagen sorgt in dieser Zeit für die Zutaten. Nach Lust und Laune wird mit Rezepten und Ideen variiert.
Der Pausenverkauf gibt den Betreuten an vier Tagen in der Woche die Möglichkeit, Butterbrezen, Käsesemmel und Kakao zu erwerben. An sich für die meisten von uns die normalste Sache der Welt – für die Werkstattgänger nicht. Überhaupt erscheint nichts selbstverständlich im MBH, alles wird dankbar angenommen. Der Pausenverkauf findet immer von 10.00 bis 10.15 Uhr statt und wird von der Hauswirtschaftsgruppe unter der Leitung von HBL Maria Mayr betreut. In vielerlei Hinsicht sind die Teilnehmer der hauswirtschaftlichen Gruppe aktiv. Die Gruppe ist neben dem Pausenverkauf auch für die Reinigung von Werkstätten und Speisesaal verantwortlich. Und auch bei größeren Veranstaltungen, beispielsweise beim Tag der offenen Tür, bei dem Eltern und Angehörige der zu Betreuenden des Hauses eingeladen sind, betreuen die Teilnehmer einen Stand.

Individualität und Familie

„Thomas, wir haben am gleichen Tag Geburtstag!“, schallt es freudig von einer Betreuten. Geburtstag ist ein wichtiges Stichwort – dieser wird stets angemessen gefeiert. Am Ehrentag selbst sieht sich das Geburtstagskind im Mittelpunkt einer kleinen Feier in der jeweiligen Wohngruppe, eine Feier für alle Geburtstage des jeweiligen Monats wird am Monatsende in den Werkstätten ausgerichtet.
Nicht nur auf Therapiebasis wird individuell gefördert, sondern auch im Bereich der Arbeit. Für jeden der Beschäftigten existiert ein individueller Förderplan. Dabei wird zuerst der Istzustand erfasst und aufgrund dieser Ergebnisse eine individuelle Zielsetzung innerhalb eines bestimmten Zeitfensters erarbeitet. Diese Erfassung ist wichtig, denn die verschiedenen Therapien beziehungsweise Förderungen unterstützen und optimieren die Arbeitsprozesse.

So wird den Teilnehmern ermöglicht, sich auszuprobieren. Kein Berufsfeld soll von vornherein ausgeschlossen werden.
So wird einem Teilnehmer beispielsweise ermöglicht, einen Einblick in die Schreinerei zu bekommen – auch wenn seine Stärken beispielsweise eher im Bereich des Gärtnerns liegen.
Das Monsignore-Bleyer-Haus ist eine Einrichtung mit viel Familiensinn. „Wir wollen eine Heimat sein“, beschreibt Heilmann den Anspruch des Hauses. „Und wir wollen die Bewohner wenn möglich bis ganz zum Schluss begleiten.“
Neu implementiert wurde deswegen „Palliativ Care“. Die Bewohner haben nun nicht mehr in der Fremde ihren letzten Weg zurückzulegen – sie dürfen innerhalb ihres vertrauten, familiären Umfeldes sterben. Angesichts des Familiensinns verwundert es auch nicht weiter, dass Thomas Heilmann jeden „seiner“ 170 Schützlinge persönlich mit Namen kennt – ein freundliches „Hallo Thomas“ ist liebgewordener Standard.

Praxistipps

1. Nicht nur auf Therapiebasis wird individuell gefördert, sondern auch im Bereich der Arbeit. Für jeden der Beschäftigten existiert ein individueller Förderplan.
2. Eine Nummer benennt das Regalfach, in das die Wäsche einsortiert werden muss. Zusätzlich zu der Nummer ist am Regalfach ein kleines Lämpchen angebracht, welches leuchtet, wenn ein Kleidungsstück mit der entsprechenden Nummer gescannt wird.
3. Samstags und sonntags kochen die Bewohner der Wohngruppen eigenständig. Ein Proviantwagen sorgt in dieser Zeit für die Zutaten.

ICP: individuell und ganzheitlich fördern

Das Münchner Integrationszentrum für Cerebralparesen (ICP) ist eine deutschlandweit einmalige Einrichtung. Die Einmaligkeit spiegelt sich auch in der Architektur wider: Der Neubau in der Garmischer Straße ist ein großzügiges, teilweise verglastes und lichtdurchflutetes Gebäude mit sehr viel Charme. Aber eben nicht nur architektonisch ist das ICP eine außergewöhnliche Einrichtung. Es bietet viele verschiedene Möglichkeiten für Menschen mit einer infantilen Cerebralparese, früher etwas abwertend „Spastiker" genannt, an. Gerade der Bereich der Hauswirtschaft spielt eine tragende Rolle im Konzept der Einrichtung.

Erst vor zirka zehn Jahren wurde das ICP München neu gebaut, in der Übergangszeit war es in einer Kaserne in der Schleißheimer Straße untergebracht, die nicht ansatzweise behindertengerecht eingerichtet war. Genau in dieser etwas schwierigen Umzugsphase stieß die Hauswirtschaftsleiterin Johanna Polz zum ICP dazu und hatte die Verantwortung für den Umzug und die Neuorganisation der Abteilungen.
Sie ist seitdem die Herrin über alle hauswirtschaftlichen Abteilungen – und das ist angesichts der Vielfältigkeit und Größe des Hauses doch einiges. Sie betont oft, dass ihr Job zwar „brutal viel Arbeit" beinhaltet, ihr diese jedoch „enorm viel Spaß macht" und sie jeden Tag dafür belohnt werde. Organisation und Überprüfungen zählen zu ihren Hauptaufgaben. Sie muss sich darum kümmern, dass Hygieneregeln auch umgesetzt werden, zudem ist sie für die Organisation von Großveranstaltungen zuständig und muss sich um Bestellungen kümmern, die sie von den einzelnen Abteilungen bekommt.

Anfang Februar 2014 lud das ICP München Neugierige, Interessierte und Betroffene zum Tag der offenen Tür in die Einrichtung ein

Bei ihr laufen viele Fäden zusammen, sie ist ein wichtiges Bindeglied zwischen den Abteilungen und muss vor allem immer den Überblick behalten. Das scheint ihr nicht schwerzufallen, angesichts der Begeisterung, die sie versprüht. Sie bekommt von den Kindern und Jugendlichen so viel positive Energie, auch die Bestätigung von ihren verschiedenen Abteilungen geben ihr viel Kraft.

Großküchenbetrieb: täglich zirka 600 Essen

Manfred Wernthaler ist der Küchenleiter im ICP und täglich für zirka 600 Essen verantwortlich. 160 Essen liefert die Küche außer Haus, davon 60 Essen in Grundschulen. In der Einrichtung selbst werden die elf Inseln mit insgesamt 120 Essen versorgt, diese werden mit Wärmewägen durch das Haus transportiert. Die Kindergärten bekommen 60 Essen; 260 Essen sind für den hausinternen Speisesaal vorgesehen. Die Bestellungen geben die einzelnen Abteilungen elektronisch ein – entsprechend den Vorlieben oder Besonderheiten der Schützlinge: von vegetarisch über muslimisch bis hin zu „ganz normal".
Zur Auswahl stehen täglich jeweils mindestens zwei Essen, meistens kann man sogar zwischen drei Essen wählen; davon ist eins vegetarisch, ein anderes wird mit „leichte Vollkost" betitelt. Der Küchenleiter persönlich schöpft das Essen. Dazu kann man als Vorspeise Suppe und einen Nachtisch von Orangencreme mit Pistazien über Bienenstich bis hin zu frischem Obst wählen. „Wenn sich ein Jugendlicher nicht entscheiden kann, wird die Schlange unter Umständen schon mal etwas länger, damit muss man umgehen!", so Manfred Wernthaler. Ferner gibt es im Speisesaal auch ein Salatbuffet.
Ein wichtiges Anliegen ist es, den Jugendlichen gesunde Ernährung näherzu bringen. Übergewicht ist besonders bei Menschen im Rollstuhl ein kritisches Thema. „Natürlich wollen viele lieber Eistee als Wasser trinken, aber ein bisschen erziehen muss man die Jugendlichen schon", so Wernthaler. Manche Teenager-Mädchen essen allerdings lieber Salat, sie müssen ja schließlich auf ihre Figur achten!

Die Schaukel für Rollstuhlfahrer im Garten des ICP ist eine sehr beliebte Freizeitmöglichkeit

Höhenverstellbare Arbeitsflächen

Lebensmittelunverträglichkeiten sind natürlich auch ein Thema in der Küche des ICP. Soweit möglich, werden diese berücksichtigt. Kleine Ziffern auf dem Essenswochenplan zeichnen die verschiedenen Inhaltsstoffe oder Herstellungsweisen aus. Angestellt sind in der Großküche zwei Köche in Vollzeit, dazu noch ein Koch in Teilzeit, zwei Küchenmitarbeiter, die in Vollzeit arbeiten und drei Küchenmitarbeiter, die in Teilzeit arbeiten. Jugendliche des ICP arbeiten auch ab und zu in Form eines Praktikums in der Küche.

Die Ausbildung findet jedoch im BBW statt, dem Berufsbildungswerk, das unter anderem Ausbildungen im hauswirtschaftlichen Bereich anbietet. Beate Volpert, ausgebildete Ökotrophologin, ist gemeinsam mit Angelika Selent für die Ausbildung der Jugendlichen verantwortlich. Mögliche Ausbildungssparten sind dabei Assistent/in für Ernährung und Versorgung (Hauswirtschafter/in), Dienstleistungshelfer/in Hauswirtschaft und Beiköchin/Beikoch (siehe Kasten).

Die „Übungsküche“ der Teilnehmer, wie die jugendlichen Auszubildenden genannt werden, ist auch für Rollstuhlfahrer eingerichtet, und zwar mit höhenverstellbaren Arbeitsflächen und Waschbecken. Die Küche ist wie eine Großküche angelegt, aber eben in Klein. Kombidämpfer, Bratbecken, Haubenspülmaschine – damit sind die Teilnehmer gut auf den Berufsalltag in einer Großküche vorbereitet.

Die Teilnehmer sind meist bereits schon ein Jahr vor Beginn ihrer Ausbildung in Form einer Berufsvorbereitenden Maßnahme (BvB) im Haus und können dadurch Räumlichkeiten, Menschen, andere Teilnehmer – und auch sich selbst und die eigenen Fähigkeiten – kennenlernen. Im Rahmen der BvB besteht die Möglichkeit, den Hauptschulabschluss zu erwerben.

Die hauswirtschaftlichen Aufgaben für die Jugendlichen sind im Haus vielfältig. Beate Volpert zählt auf: „Die Teilnehmer betreuen die Cafeteria, helfen im Speisesaal und bereiten die bis zu 60 Brezen und Semmeln sowie verschiedene Süßigkeiten für den Pausenverkauf vor.“ Die Abrechnung übernehmen die Auszubildenden der kaufmännischen Abteilung. Daran zeigt sich schon die Verknüpfung der verschiedenen Abteilungen.

Hauswirtschaftsleiterin Johanna Polz ist glücklich über ihren Job: „Brutal viel Stress, aber auch unglaublich viel Freude!"

Mit Herz und Organisationstalent: HWL Johanna Polz

Johanna Polz arbeitet bereits seit 13 Jahren im ICP München. Zuvor war sie 20 Jahre im Seniorenheim Collegium Augustinum für die Diätküche zuständig. Beim Vorstellungsgespräch dachte sie bei sich: „Da möchte ich nicht arbeiten!" Kein Wunder, das „alte" ICP hatte so gar nichts mit dem neuen gemeinsam. Alte, enge Räume, keine behindertengerechten Zugänge, kein Flair. Sie entschied sich allerdings doch dafür, die Stelle anzutreten – und musste zunächst des völligen Chaos Herr werden. Denn der Umbau – eigentlich ein Neubau auf der teilweise alten Bausubstanz – stand bevor. Die HWL musste den Umzug der verschiedenen Abteilungen organisieren. Ferner veränderte sie einiges: So wurde zum Beispiel das Essen für die Bewohner bislang geliefert – sie führte ein, dass das Essen nun vor Ort zubereitet wird.

Aber auch auf Trainingsebene wird dies praktiziert. Wenn beispielsweise ein Teilnehmer Probleme beim Abwiegen hat, wird dies in der Ergotherapie trainiert. Bei Schwierigkeiten im Bereich „Rezepte lesen" ist die Sprachtherapie erster Ansprechpartner.
Neben ihrer Ausbildung und den täglichen Aufgaben im Haus helfen die Teilnehmer auch bei Großveranstaltungen. Für den diesjährigen „Tag der offenen Tür" zum Beispiel backten sie am laufenden Band frische Waffeln. „Wir haben bereits 100 vorbestellte Waffeln", so eine Mitarbeiterin. Das süße Gebäck wird dann für 50 Cent pro Stück verkauft, der Erlös kommt der Klassenkasse zugute. Daneben gibt es einen Stand mit frisch gepressten Säften, selbst zubereiteten Pralinen oder mit Kleingebäck. Die jugendlichen Teilnehmer sind dafür verantwortlich, dass alles sauber und aufgefüllt ist. Eine große Verpflichtung, aber genau darum geht es: Die Teilnehmer müssen lernen, Verantwortung zu übernehmen, um später auch in anderen Betrieben agieren zu können.

Ausbildung ohne Druck

Das BBW ermöglicht den jungen Menschen mit einer Körperbehinderung eine individuelle Förderung und Unterstützung bei der Ausbildung – ohne Druck. Verlangsamtes Arbeitstempo ist ein großes Thema, darauf muss man individuell eingehen, oder auch Hilfsmittel, wie einen Gemüsehalter, bereitstellen. „Das Ziel nach der Ausbildung", so betont Polz jedoch ganz klar, „ist die Vermittlung auf dem Arbeitsmarkt." Nicht nur Menschen mit einer infantilen und erworbenen Cerebralparese werden aufgenommen; auch Jugendliche mit anderen orthopädischen und neuroorthopädischen Erkrankungen, chronischen Erkrankungen, Lernbehinderungen und motorischen Einschränkungen können sich praxisnah ausbilden lassen. Die Praxisnähe sieht man daran, dass die Teilnehmer nicht nur in behinderungsspezifisch ausgestatteten

Blick in die große, lichtdurchflutete Halle des Zentrums. Unterhalb des Cafés befindet sich das Schwimmbad für die Hydrotherapie.

Arbeitsplätzen und in den Werkstätten des BBW, sondern zu mehrwöchigen Praktika in BBW-fremden Betrieben verpflichtet sind. Ferner gibt es die Verzahnte Ausbildung mit Betrieben (VAmB), was die Übernahme in einen Betrieb nach einem mehrmonatigen Praktikum erleichtert.

Der „Abend der Betriebe"

Ein fester Bestandteil mit einem besonderen Stellenwert im Jahresrhythmus des Zentrums ist eine alljährlich im Juni stattfindende Veranstaltung. Der sogenannte „Abend der Betriebe" ist ein Dankeschön an alle Unternehmen, die die Jugendlichen für ein Praktikum aufnehmen oder in einer anderen Form unterstützen. Dabei stehen Vorträge und ein Vier-Gänge-Menü auf dem Programm. Die Teilnehmer servieren das Essen selbst, mit Begeisterung. „Sie sind davor allerdings wahnsinnig nervös", weiß Volpert. Danach schlägt die Anspannung in Freude und vor allem Stolz um – und steigert ihr Selbstbewusstsein angesichts der vollbrachten Leistung.

Welche Erfahrungen haben die hauswirtschaftlichen Kräfte mit externen Betrieben gemacht, wenn sie versuchen, „ihre" Jugendlichen unterzubringen? „Grundsätzlich sehr gute", so die Ökotrophologin. Die Betriebe seien offen. Gewiss gäbe es auch Ausnahmen, aber das liege vor allem daran, dass der angefragte Betrieb nicht auf Praktikanten eingestellt sei. Dazu zählen beispielsweise Großwäschereien, denn „die Mangeln kann man nicht langsamer laufen lassen."

Gute Chancen für eine Aufnahme bestehen hingegen in Seniorenheimen oder in kleineren Wäscherein. Diese Betriebe übernehmen nach Beendigung der Ausbildung die Jugendlichen auch häufig. Die Jugendlichen müssen in jedem Lehrjahr mindestens ein Praktikum absolvieren, im dritten Lehrjahr sogar ein mehrmonatiges. Die Abschlussprüfung wird dann direkt im Praktikumsbetrieb abgenommen und fließt in die tägliche Routine ein, damit der Druck etwas minimiert wird.

Das ICP München in der Garmischer Straße

Das ICP, ehemals „Spastikerzentrum“, besteht seit mehr als 50 Jahren und wurde vor zirka zehn Jahren neu gebaut. Das Zentrum, das an der Südseite komplett verglast ist, wird in West-, Nord- und Ostflügel unterteilt – allein das zeigt schon, welche Ausmaße das Gebäude annimmt. Man könnte sich leicht verlaufen, wären da nicht die klare, transparente und moderne Architektur und viele Hinweisschilder, die den richtigen Weg weisen. Im Nordflügel befinden sich Physiotherapie, Ergotherapie, Sprachtherapeuten und der ärztliche Dienst. Die sogenannten Inseln und die integrative Kinderkrippe sind im Ostflügel, die Ausbildungsstätten des Berufsbildungswerks (BWB) im Westflügel. Hinter dem Hauptgebäude befindet sich noch ein Komplex, in dem die Wohngruppen untergebracht sind. Betroffene der Infantilen Cerebralparese leiden an einer Bewegungsstörung, die meist auf eine frühkindliche Hirnschädigung zurückgeht. Folge davon ist eine Störung des Nervensystems und der Muskulatur im Bereich der willkürlichen Motorik, was die Steigerung der Muskelspannung im Ruhezustand und ohne willentliche Muskelanspannung verursacht. Geheilt werden kann der Patient nicht, allerdings können Linderungen verschafft, Spasmen minimiert, die Beweglichkeit erhalten und der Umgang mit verschiedenen Situationen geübt werden.

Wohngruppen, Inseln und ein Therapiebad

Neben dem BBW gibt es noch andere Einrichtungen im Haus. Dazu gehören beispielsweise vier Wohngruppen. In jeder der Wohngruppen, die jeweils zwischen fünf und neun Teilnehmern ein Zuhause bieten, finden sich Essensräume, Gemeinschaftsräume, Einzel- oder Doppelzimmer, jeweils mit Bad. Sie vermitteln den Jugendlichen ein Gefühl von Familie. Für den Zusammenhalt sind feste Rituale sehr wichtig. Morgens und abends essen alle Bewohner einer Wohngruppe gemeinsam. Das stärkt das Gemeinschaftsgefühl enorm, eine familienähnliche Struktur entsteht, was ungemein wichtig für die Kinder ist.
Tagsüber werden sowohl die Bewohner der Wohngruppen als auch Kinder und Jugendliche von außerhalb, in den sogenannten Inseln betreut. Die elf verschiedenen Inseln sind unter anderem mit einem Spielzimmer und einem Ruheraum ausgestattet, damit sie sich auch tagsüber zurückziehen können. In den Inseln gibt es zudem Zimmer für die Einzelbetreuung in der Physiotherapie. Im Gegensatz dazu werden Gruppen in der Turnhalle physiotherapeutisch betreut. Die integrative Kinderkrippe, in der Kinder mit und ohne Behinderung betreut werden, hatte gleich zu Beginn so viel Zulauf, dass aufgestockt werden musste. „Ich traute angesichts der Anmeldewelle meinen Augen kaum“, so Polz. Die Luise-Kiesselbach-Berufsschule befindet sich ebenfalls im ICP in der Garmischer Straße.

Verschiedene Abteilungen arbeiten Hand in Hand

Über 20 Physiotherapeuten sind im ICP angestellt und kommen zum Einsatz. Neben Sportarten wie beispielsweise Basketball, Fußball oder Boccia gibt es im ICP auch noch die Möglichkeit der Hydrotherapie, ferner die Reittherapie, die von der Krankenkasse allerdings nicht

Das Berufsbildungswerk ermöglicht den jungen Menschen mit körperlichem Handicap eine individuelle Förderung und Unterstützung bei der Ausbildung – ohne Druck

übernommen wird und die sich das ICP durch Spenden finanziert. Eine weitere wichtige Rolle neben den Physiotherapeuten und den Ergotherapeuten spielen die Sprachtherapeuten. Bei einigen Kindern und Jugendlichen ist auch das Sprachzentrum beeinträchtig und wird mittels der „unterstützenden Kommunikation“ erweitert. Das bedeutet, dass sowohl die Gebärdensprache als auch die Lautsprache verwendet werden. Komplexe Zeichen der Gebärdensprache können dabei in der Regel allerdings nicht ausgeführt werden. Sinn und Zweck ist es, die Lautsprache zu unterstützen, diese hingegen nicht gänzlich zu ersetzen.
Auch auf psychologische Weise wird sowohl den Jugendlichen als auch deren Angehörigen mit der Hilfe von Psychologen unter die Arme gegriffen. Kinderpsychologin Dr. Christine Stadler und Familienpsychologin Dr. Petra Wagatha hören den Kindern und deren Eltern zu. Gerade die Angehörigen dürfen ohne Zeitdruck ihre Geschichten erzählen und stellen oftmals in solchen Gesprächen fest, wie viel sie bereits hinsichtlich Pflege und Förderung ihres Kindes geleistet haben.

Ausbildungsmöglichkeiten im Bereich Hauswirtschaft und Gastgewerbe

- Assistent/in für Ernährung und Versorgung (drei Jahre)
- Dienstleistungshelfer/in Hauswirtschaft (drei Jahre)
- Beiköchin/Beikoch (drei Jahre)

Schnitzel mit Country-Potatoes, ein üppiger Salatteller, dazu eine Süßspeise – sämtliche Speisen werden in der hauseigenen Großküche hergestellt

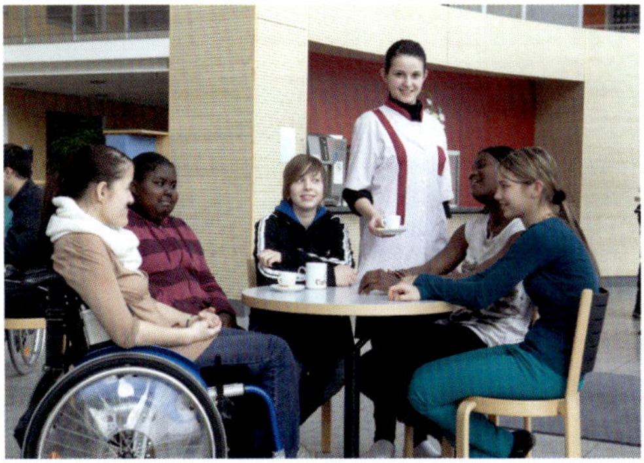

Die Teilnehmer der hauswirtschaftlichen Abteilung betreuen die Cafeteria, helfen im Speisesaal und bereiten die bis zu 60 Brezn und Semmeln sowie verschiedene Süßigkeiten für den Pausenverkauf vor

Weitere Einrichtungen

Dass das Haus in der Garmischer Straße beispielsweise durch seine gläsernen Aufzüge behindertengerecht ist, bedarf eigentlich keiner besonderen Erwähnung. Oder vielleicht doch, denn wenn man sich vor Augen führt, wie gut alles ineinandergreift und wie vielseitig alles genutzt wird, muss man schon stutzen. Die Rampe zum Beispiel, die zur Tiefgarage führt und Rollstuhlfahrern ein leichtes Ankommen im Gebäude ermöglicht, wird auch in Therapiestunden genutzt. Wie und wofür? Die kleinen und großen Patienten müssen sich dafür mit dem Bauch auf ein Brett mit Rollen legen und mithilfe ihrer Muskelkraft die Rampe hochkraulen.
Die alltäglichsten Dinge wandeln sich zu Übungsflächen – denn genau darum geht es: den Alltag zu erleichtern und die Kinder und Jugendlichen dahingehend zu trainieren. Wenn sie in die „große, weite Welt“ entlassen werden, sind Treppenstufen, Aufzüge oder Geländer kein unwägbares – oder zumindest fremdes – Terrain mehr.
Neben dem ICP in der Garmischer Straße gehören noch weitere Einrichtungen zur ICP-Gruppe. Das Münchner Förderzentrum GmbH (MFZ) ist eine Spezialeinrichtung für körperlich und mehrfach- behinderte Erwachsene mit infantiler Cerebralparese oder anderen neuroorthopädischen Erkrankungen. Sie wohnen in einer sozialen Gemeinschaft im Wohnpflegeheim zusammen. Dazu gehört auch die Werkstatt für behinderte Menschen (WfbM), eine Förderstätte und eine Therapieabteilung. Im WfbM werden wirtschaftlich vermarktbare Produkte hergestellt. Für die Produktion erhalten die Menschen ein Gehalt und erwerben einen Rentenanspruch, in den Förderstätten werden nützliche und kreative Produkte gefertigt.
Daneben gibt es im Münchner Norden eine weitere Einrichtung, das MFZ Freimann. Seit 2008 bietet dieses Zentrum Wohn- und Werkstättenplätze für behinderte Menschen an. Zudem – und das ist eine wichtige Neuerung – haben die Bewohner dort lebenslanges Wohnrecht. Es bietet Menschen, die entweder bereits zu alt sind oder denen es aufgrund der Schwere ihrer Behinderung nicht möglich ist, Förderstätten zu besuchen, eine Heimat.

Das ICP München in Zahlen						
Anzahl der belegten Plätze	**2007**	**2008**	**2009**	**2010**	**2011**	**2012**
Bereich						
Integratives Kinderhaus	46	82	84	132	191	255
Tagesstätte	133	139	138	169	170	171
Schülerwohnheim	32	35	33	32	28	30
Förderschule	134	135	126	130	129	127
Förderberufsschule (inkl. BVJ)	183	187	201	215	176	173
Inklusive Grundschule	-	-	-	16	28	42
BBW-Ausbildung	172	179	179	185	164	158
BBW-Wohnheim	100	91	89	92	85	88
Förderstätten	71	84	87	89	101	104
Wohnpflegeheime (WEK, WTEK)	59	75	83	94	108	114
WfbM	6	12	18	27	36	45
Senioren-Wohnheim	-	26	34	37	80	76
Gesamt	936	1045	1072	1218	1296	1383
Gesamte Anzahl der Mitarbeiter	2007	2008	2009	2010	2011	2012
	436	478	523	581	639	711

Das barrierefreie Internat in Giesing bietet in Einzel- und Doppelzimmern Platz für bis zu 86 Teilnehmer. Unterschiede bei Alter, Geschlecht, Schwere der Behinderung, Ausbildungsstand und -beruf sorgen für eine heterogene Struktur innerhalb der Gruppen, in denen zwischen zehn und elf junge Erwachsene leben.

Streng, aber gerecht

Das Klima ist wunderbar, man blickt eigentlich ausschließlich in lachende, freundliche und dankbare Gesichter. Auch die Angestellten haben ein gutes Verhältnis untereinander, es wird oft geherzt, auf dem Gang gegrüßt oder zugewunken. Ein Geben und Nehmen ist das Wichtigste, das weiß auch Johanna Polz. Ohne die enge Zusammenarbeit der unterschiedlichen Abteilungen wäre ein reibungsloser Ablauf des Alltags nicht möglich – und schon gar nicht das Stemmen zweier Großveranstaltungen innerhalb von zwei Tagen! Bei dem Festakt zwei Tage vor dem Tag der offenen Tür wurde übrigens die Umwandlung des Vereins, der die ICP-Gruppe bislang war, in eine Stiftung gefeiert. Die Größe, die der Verein mittlerweile erreicht hat, machte diesen Schritt nötig. Beim Festakt arbeiteten abermals alle Abteilungen Hand in Hand, so wurde beispielsweise ein Kanon von allen Kindern gemeinsam zum Besten gegeben.

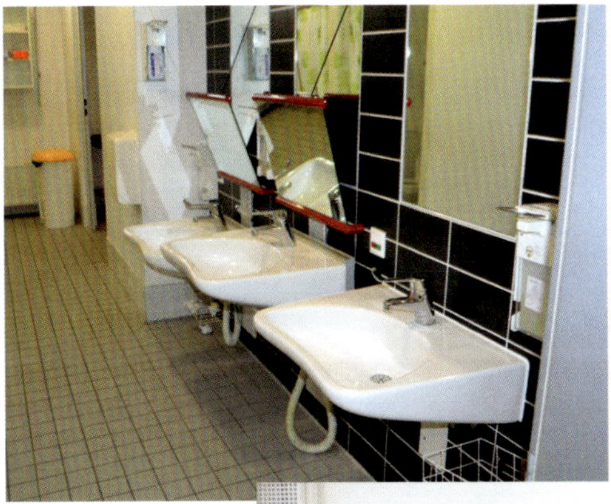

Höhenverstellbare Waschbecken sind nicht nur in der Küche zu finden, sondern auch auf den Toiletten. Zusätzlich schräg gestellte Spiegel helfen den Rollstuhlfahrern, einen Blick in den Spiegel werfen zu können.

Das ICP bietet sowohl physiotherapeutische Einzel- als auch Gruppenbetreuung an.

Solch eine Organisation ist nur möglich, wenn man ein gewisses Maß an Strenge mitbringt. „Oft muss der ‚richtige' Weg erst noch gefunden werden, das geht nur mit Geduld und Fingerspitzengefühl", meint Hauswirtschaftsleiterin Polz. Man muss einen Ausgleich zwischen dem finden, was die Kinder und Jugendlichen selbst erlernen können, sollen und auch müssen und dem, was Vorschriften, beispielsweise die Hygienevorschriften, vorgeben. Dabei muss man hartnäckig sein. Eine klare Struktur innerhalb der Abteilungen ist wichtig, denn diese wird automatisch an die Jugendlichen weitergegeben.
„Unsere Chefin ist zwar streng, aber gerecht", so eine Mitarbeiterin aus der Wäscherei. Aber gerade im Bereich der Wäsche ist es ungemein wichtig, ein unnachgiebiges Auge auf das Einhalten von Vorschriften zu haben. Denn die Wäscherei bekäme schnell Schwierigkeiten, würde sie die Hygienevorschriften nicht beachten, bei immerhin vier großen Waschmaschinen, einer kleineren 5-Kilogramm-Maschine, drei Trocknern und zwei Mangeln. Auch in der hauseigenen Wäscherei können die Teilnehmer des BBW ein Praktikum absolvieren.

Eine Rose als Dankeschön

Gerade nach gelungenen Großveranstaltungen hält es Johanna Polz für unablässig, ihren Leuten zu danken. Nach dem Festakt zur Umbenennung beispielsweise drückte sie jedem Mitarbeiter als Dankeschön eine Rose in die Hand. „Das ist zwar nur eine Kleinigkeit, aber sie verbessert die Stimmung ungemein. Sie drückt meine Dankbarkeit aus und würdigt die Arbeit der Mitarbeiter – gerade bei besonderen Anlässen“, so Polz. Sie ist eine Chefin, die weiß, was sie an ihren Mitarbeitern hat. Und auch selbst ist sie sich nicht zu schade, bei Bedarf mit Hand anzulegen. In der Werkstatt der Metallauszubildenden fiel ein Glas Eistee um – Johanna Polz sprang, holte einen Putzlappen und wischte auf. Eine Hauswirtschaftschaftsleiterin mit Leib und Seele.

Praxistipps

1. Übergewicht ist besonders bei Menschen im Rollstuhl ein kritisches Thema.
2. Die Übungsküche der Teilnehmer, wie die jugendlichen Auszubildenden genannt werden, ist auch für Rollstuhlfahrer eingerichtet, und zwar mit höhenverstellbaren Arbeitsflächen und Waschbecken.
3. Die Rampe, die zur Tiefgarage führt, wird auch in Therapiestunden genutzt. Die kleinen und großen Patienten müssen sich dafür mit dem Bauch auf ein Bett mit Rollen legen und mithilfe ihrer Muskelkraft die Rampe hochkraulen.

Die Hausgemeinschaft als große Familie

Ein Beispiel für einen gelungenen Strukturwandel im Ruhrgebiet ist das Projekt „Gute Hoffnung" in Oberhausen. Auf dem Gelände eines bedeutenden Industriebetriebes, der eine Krise in den 1980er Jahren nicht überlebte, ist heute ein lebendiger Lebensraum für Jung und Alt entstanden. Die Hauswirtschaftliche Betriebsleiterin, Susanne Hoppe, die hier als „Leitung Alltagsbegleitung" in einem Seniorenzentrum arbeitet, stellt ihre Einrichtung vor, die sich durch das Hausgemeinschaftskonzept und den ausgeprägten Quartiersbezug auszeichnet.

Zeche Sterkrade, Zeche Haniel, Zeche Concordia, Zeche Osterfeld ... Die Namen der Hausgemeinschaften im Seniorenzentrum „Gute Hoffnung" klingen zunächst außergewöhnlich. Die Hausgemeinschaften sind nach den traditionsreichen Bergwerken in Oberhausen benannt. „Dies haben die Bewohner selbst so ausgesucht", erklärt Susanne Hoppe, Hauswirtschaftliche Betriebsleiterin. Damit sei auch ein starker Bezug zum Ruhrgebiet gegeben. Die HBL ist seit zwei Jahren für die Hauswirtschaft in den sieben Hausgemeinschaften mit jeweils zehn bis zwölf Bewohnern verantwortlich und ist von diesem Konzept überzeugt: „Hausgemeinschaften bieten auf jeden Fall mehr Lebensqualität im Alter. Man überlegt ja schon mal, wie man selbst als alter Mensch leben möchte und ich könnte mir das so für mich sehr gut vorstellen."

Honolulu-Ketten und Beamer: Gute Stimmung bei der Fußball-WM 2014

Präsenzkräfte kochen täglich frisch

Jede Hausgemeinschaft verfügt über eine eigene Küche sowie einen großzügigen Ess- und Wohnraum. Hier spielt sich das Gemeinschaftsleben ab. In den Küchen wird jeden Tag frisch gekocht. Dafür ist die jeweilige Präsenzkraft zuständig. Dieser Dienst ist in Schichten organisiert, eine Präsenzkraft ist von 7.30 bis 14.00 Uhr in der Gruppe, die nächste Mitarbeiterin von 15.00 bis 19.30 Uhr. Ausgelagert sind die Wäscheversorgung und die Hausreinigung, die von externen Firmen übernommen werden. „Mein Traum wäre ja, dass wir die Reinigung der Bewohnerzimmer auch selbst übernehmen. Aber ich bin erst ein halbes Jahr, nachdem das Seniorenzentrum 2011 eröffnet wurde, hier eingestiegen, da war planerisch schon viel vorgegeben“, sagt Susanne Hoppe. Lebensqualität machen laut der HBL vor allem die kleinen Gruppen aus, in denen die Senioren zusammenleben. „Die Bewohner stehen füreinander ein, wenn zum Beispiel jemand bei der Kegelrunde gewinnt, dann freut sich die ganze Hausgemeinschaft darüber.“ Auch das Zusammenleben zwischen dementen und nicht-dementen Bewohnern funktioniert. Natürlich gibt es manchmal Reibungspunkte, aber die große Hilfsbereitschaft untereinander überwiegt. Bewohner achten untereinander darauf, dass alle genug zu essen und zu trinken bekommen. Wenn ein Dienstwechsel beispielsweise aus Krankheitsgründen erfolgen muss, wird der „neue“ Mitarbeiter darauf hingewiesen, dass ein Bewohner bestimmte Dinge nicht gerne isst oder nicht verträgt.

Grundsätzlich gestaltet sich das Zusammenleben in den Hausgemeinschaften sehr eng und intensiv, darum müssen auch die Mitarbeiter zu den Bewohnern passen. „Da ist jede Hausgemeinschaft anders, wie in einer großen Familie“, so Susanne Hoppe. Die Mitarbeiter sind sehr nah an den Bewohnern dran, müssen aber trotzdem professionelle Distanz bewahren, damit ihre Arbeit sie persönlich nicht zu sehr belastet. Supervision ist hier laut Susanne Hoppe eine gute Möglichkeit für Mitarbeiter, ihre Erfahrungen zu verarbeiten.

Bei neuen Bewohnern kann es manchmal ein wenig dauern, bis sie sich in die Gemeinschaft eingegliedert haben. Es gibt auch die Möglichkeit, sich auf eine Umzugswunschliste setzen lassen, wenn man in einer Hausgemeinschaft nicht zurechtkommt. Es hat auch schon interne Umzüge gegeben.

Informationsfluss gewährleisten

Das Konzept sieht vor, dass die Bewohner jederzeit bei hauswirtschaftlichen Tätigkeiten helfen können. „Kartoffeln schälen muss bei uns zum Beispiel eine Präsenzkraft fast nie, das machen überall die Bewohner“, erzählt Susanne Hoppe. Als Leitung erstellt sie für alle sieben Küchen einen übergeordneten Speiseplan. „Der MDK würde lieber sehen, dass wir in sieben Küchen sieben verschiedene Gerichte kochen, doch das ist zu aufwendig.“

„Gute Hoffnung" in Oberhausen liegt auf dem Gelände der früheren Gutehoffnungshütte, die bis Mitte der 1980er Jahre fast 200 Jahre dort zu finden war

Gute Hoffnung – ein Ort mit Tradition

Die „Gute Hoffnung" Oberhausen ist ein neuer Wohn- und Lebensraum für Jung und Alt mitten im Stadtteil Oberhausen-Sterkrade. Entstanden sind hier ein Seniorenzentrum mit 80 vollstationären Plätzen, eine Kindertageseinrichtung für 50 Kinder sowie ein Wohnpark mit vier barrierefreien Mehrfamilienhäusern für alle Altersklassen sowie ein öffentliches Bistro mit Veranstaltungssaal. Träger ist die Neuapostolische Kirche Nordrhein-Westfalen. Das Gelände des neuen Wohngebietes ist geschichtsträchtig: hier war seit 1782 die Gutehoffnungshütte ansässig, ursprünglich ein reiner Hüttenbetrieb, der sich jedoch im 20. Jahrhundert zum größten Anlagen- und Maschinenbauer Europas wandelte. Im Jahr 1982 beschäftigte das Unternehmen rund 80.000 Mitarbeiter. Doch eine schwere Krise hatte dann enorme Umstrukturierungsmaßnahmen zur Folge. Der Betrieb wurde schließlich unter dem Namen der Tochterfirma MAN neu geordnet und der Firmensitz nach München verlegt. Nach dem Abriss der Gebäude lag das Firmengelände brach und wurde als riesiger Parkplatz genutzt. Schließlich wurde das Gelände von der Stadt Oberhausen ausgeschrieben und die Neuapostolische Kirche bekam den Zuschlag für ihre Idee, einen Wohnraum für Jung und Alt zu schaffen. Viele Bewohner und Mitarbeiter der „Guten Hoffnung" kommen aus Sterkrade und haben früher im gleichnamigen Industriebetrieb gearbeitet.

Allerdings können die Bewohner jederzeit sagen, wenn sie ein Gericht nicht mögen und bekommen dann eine Alternative zubereitet. „Da sind wir sehr flexibel, wenn beispielsweise eine ganze Gruppe den geplanten Nudelauflauf nicht möchte, gibt es eben Nudeln mit Hackfleischsauce." Alles wird dokumentiert, um es nachvollziehbar zu machen. Die Präsenzkräfte haben das Kochen laut der HBL gut im Griff, sie kennen die Bewohner inzwischen gut und wissen, wer was mag oder nicht mag. Ein Problem sieht Susanne Hoppe darin, dass sich die Präsenzkräfte aus der Früh- und der Spätschicht nicht persönlich sehen, da zwischen den Schichten eine Stunde Pause ist. Eine Übergabe ist nur schriftlich möglich. „Wir haben ver-

Pflanzaktion von Stiefmütterchen mit Kita-Kindern

Quartiersgedanke: Osteraktion mit den Kindern der benachbarten Kita

einbart, dass es einmal im Monat ein Treffen der Präsenzkräfte in einer Hausgemeinschaft gibt, damit man sich besprechen kann", berichtet die HBL. Außerdem wurde pro Hausgemeinschaft eine Präsenzkraft als Hauptverantwortliche benannt, die Informationen der Leitungsebene an die anderen Mitarbeiter weitergibt. Obwohl sie sich nicht häufig sehen, stimmt die Atmosphäre im Team, so Susanne Hoppe. „Es kommt vielleicht zweimal im Jahr vor, dass wir die Dienste, zum Beispiel bei Krankheit, nicht besetzt bekommen, ansonsten springen die Mitarbeiter füreinander ein."

Präsenzkraft als Allround-Talent

Der Anspruch an die Präsenzkräfte in einer solchen Gemeinschaft ist sehr hoch, sie müssen „Allround-Talente" sein, sind sie doch ständige Ansprechpartner für zehn Bewohner und Angehörige, zuständig für das Frühstück, Mittag- und Abendessen sowie für das nachmittägliche Kaffeetrinken. Außerdem müssen sie die an Demenz erkrankten Bewohner immer beobachten. Und der Anteil der dementen Bewohner steigt ständig, laut der HBL betrifft dies mindestens die Hälfte der Bewohner.
Zu den Aufgaben der Präsenzkräfte gehören weiterhin die Planung und Durchführung von Beschäftigungsangeboten wie beispielsweise Marmelade einkochen, backen oder basteln sowie das Motivieren der Bewohner, an diesen Angeboten teilzunehmen.

Zur Person

Susanne Hoppe ist 52 Jahre alt und alleinerziehende Mutter von einem inzwischen 17-jährigen Sohn. Im Sommer 1983 schloss sie ihre Ausbildung als staatlich geprüfte Öcotrophologin in Essen (NRW) ab. Ihre erste Stelle führte sie nach Wyk auf der Insel Föhr, wo sie in einem Internat arbeitete. 1985 kehrte sie in das Ruhrgebiet zurück.

Nachdem sie 25 Jahre als Hauswirtschaftliche Betriebsleitung in einer Senioreneinrichtung tätig war, nahm sie sich sechs Jahre Auszeit und war unter anderem im gehobenen Privathaushalt tätig. Ihre Berufung liegt aber im Seniorenbereich. So hatte sie 2012 das Glück und die Chance, in das neu eröffnete Seniorenzentrum „Gute Hoffnung" mit Hausgemeinschaftskonzept einzusteigen.

Im Mai 2014 wurde sie zur 2. Vorsitzenden des Berufsverbandes Hauswirtschaft gewählt. Ihr liegt vor allem die zukunftsweisende Ausrichtung der Hauswirtschaft im Bereich der Seniorenversorgung am Herzen. Die Entwicklung liegt ihrer Meinung nach im ambulanten Bereich in der Quartiersversorgung und im stationären Bereich im Hausgemeinschaftskonzept. Sie möchte Wieder- und Quereinsteigerinnen durch Fortbildungsangebote eine Chance geben. Im Bereich der ambulanten Versorgung will sie sich dafür einsetzten, dass die Hauswirtschaft bei den Kassen der Pflege gleich gestellt wird und somit auch eigenstandig abgerechnet werden kann.

Mit Unterstützung des Sozialen Dienstes wird eine Reihe von weiteren Aktivitäten angeboten wie Denkspiele, Vorleserunden oder Gymnastik.

Als Präsenzkraft stellt Susanne Hoppe gerne Frauen zwischen 45 und 60 Jahren mit Lebenserfahrung ein. „Die meisten haben mehrere Kinder und sind es gewohnt, einen größeren Haushalt zu führen. Jüngere Mitarbeiterinnen bedürfen manchmal intensiverer Unterstützung und Schulung. Die Präsenzkräfte kommen aus ganz verschiedenen Berufsbereichen, einige haben eine hauswirtschaftliche Ausbildung. „Ich achte sehr auf den Lebenslauf. Von Vorteil ist, wenn jemand Erfahrung mit Demenz hat, vielleicht schon die eigenen Eltern oder Schwiegereltern gepflegt hat."

Bewerberinnen arbeiten meistens zwei Tage zur Probe, dann wird entschieden, ob sie für die Aufgabe geeignet sind. „Aber nicht nur für uns sind diese zwei Probetage wichtig, auch die Bewerberinnen merken, ob sie den Aufgaben gewachsen sind."

Möglichst viel selber kochen ist das Ziel

Das Problem, das viele jüngere Bewerberinnen für die Stelle als Präsenzkraft haben, ist laut HBL, dass sie nicht kochen können. Oder dass sie es sich nicht zutrauen, für eine größere Gruppe zu kochen. „Wir kochen nicht viel mit Fertigprodukten, beispielsweise werden Suppen oder Reibekuchen bei uns frisch zubereitet." Das Ziel sei zwar, immer mehr selbst zu

kochen, bei aufwändigeren Gerichten werde aber doch manchmal Tiefkühl-Ware eingesetzt, wie zum Beispiel Kohlrouladen oder gefüllte Paprikaschoten.
Um die Präsenzkräfte in Sachen Kochen zu unterstützen, gibt es eine Kooperation mit dem Bistro „Jahreszeiten“ auf dem Gute-Hoffnung-Gelände. Angeboten wird zweimal monatlich eine freiwillige Kochschulung mit dem dortigen Koch. Die Kosten dafür werden vom Träger übernommen, die Mitarbeiterinnen nehmen in ihrer Freizeit an der Schulung teil.
Als „anfänglich kompliziert“ bezeichnet Susanne Hoppe den Einkauf für die sieben Hausgemeinschaften. „Wir brauchen kleine Verpackungsgrößen, was sollen wir mit einem Kilogramm Käse oder dem Drei-Kilo-Gebinde Puddingpulver? Ich hatte schon Ferienhilfen, die haben mir dann das Puddingpulver jeweils für zehn Personen abgewogen.“ Doch langsam passt sich die Lebensmittelindustrie an die neuen Wohnformen an und es gibt vermehrt kleinere Gebindegrößen.

Bewohner suchen auch die Blumen aus

Frische Ware wie Obst und Gemüse wird von einem Bauern vom nahen Wochenmarkt geliefert, ein Bäcker bringt die Brötchen, und frische Fleischwaren wie Gehacktes oder Blutwurst kommen vom Metzger vor Ort. Aufgrund der günstigen Lage des Seniorenzentrums mitten im Stadtgebiet können die Bewohner zweimal in der Woche mit auf den Wochenmarkt gehen. „So kennen sie den Bauern, der die frische Ware liefert, können dort dann auch mal einen Apfel oder eine Mandarine probieren“, erzählt Susanne Hoppe.
Die Bewohner gehen auch gerne ins Blumengeschäft, wo sie dann die Blumen für die Dekoration im Haus mit aussuchen können. Das Eiscafé nebenan wird oft besucht, alle sind so gleich mitten im Leben – ein wichtiger Aspekt des Quartiersgedanken, der bei der „Guten Hoffnung“ umgesetzt werden soll.
So soll Mietern und Bewohnern sowie allen Bürgern des Stadtteils ein breites soziales und kommunikatives Angebot gemacht werden, welches nach Belieben besucht und genutzt werden kann.

Hauswirtschaft geht ins Quartier

„Wir haben zwei Quartiersmanagerinnen in Teilzeit, die kümmern sich um die Bürger im Viertel, die krank oder allein sind“, so Susanne Hoppe. Dies geschieht im Rahmen des Projektes Patientenbegleitung des Forschungsinstitutes für Geragogik in Witten/Herdecke. Die Quartiersmanagerinnen entwickeln derzeit Schulungsangebote und Info-Materialien für ehrenamtliche Helfer. Aufgebaut werden soll beispielsweise ein Begleit- und Besuchsdienst, bei dem sich jeweils ein Ehrenamtlicher und ein Hilfebedürftiger zusammenfinden.
Begleitung bei Spaziergängen oder bei Arzt-Besuchen könnten gemeinsame Aktionen sein. „Als Einstieg haben wir mit einem Demenzcafé, dem Café Kaktus, begonnen. Hier bieten wir Angehörigen von Demenzkranken an, diese bei uns im Café von Ehrenamtlichen betreuen zu lassen, wenn sie beispielsweise in Ruhe auf dem Wochenmarkt einkaufen wollen“, erklärt Susanne Hoppe.

Angeboten werden über einen ambulanten Dienst auch Pflege und hauswirtschaftliche Dienstleistungen wie Waschen, Bügeln und Reinigen. Dies wird von der HBL koordiniert und organisiert. „Wir gehen als Hauswirtschaft damit ins Quartier. Wir haben schon einige Kunden aus den eigenen Häusern, aber auch aus der näheren Umgebung."

„Rollatortanzkurs" gut besucht

Entwickelt wurden auch Bewegungsangebote mit regionalen Partnern, nicht nur für Bewohner, sondern auch für die Bürger aus dem Quartier. So gab es beispielsweise einen gut besuchten Tanzkurs „Rollatortanz" in Kooperation mit der örtlichen Tanzschule. Mit der AOK zusammen wurde ein Kurs „Kraft- und Balancetraining" veranstaltet. Zweimal wöchentlich gibt es im Seniorenzentrum das Bewegungsangebot „Fit für 100", ein Seniorenprojekt, das von der Deutschen Sporthochschule speziell für Hochaltrige entwickelt wurde.
Zur Weihnachtszeit kommen Mieter aus den Wohnhäusern ins Seniorenzentrum und lesen den Bewohnern vor. Es gibt auch gemeinsame Märchen-Nachmittage oder Sommerfeste mit Senioren, Kita-Kindern und deren Eltern sowie Interessierten aus den Wohnhäusern.
„Das Haus über Kurse für alle Bürger zu öffnen, ist einfacher, als Dienstleistungen zu verkaufen", so die Einschätzung von Susanne Hoppe. „Aber wir stehen mit unseren Angeboten noch am Anfang. Es wird eine Menge aufgebaut und wir machen viel Werbung dafür." Die Vielzahl von Kursen und Aktivitäten haben natürlich auch das Ziel, dass die Bürger das Seniorenzentrum kennen lernen, quasi als Einstiegshilfe, damit Schwellenängste abgebaut werden können. Susanne Hoppe mag es, dass sie die Möglichkeit hat, bei der „Guten Hoffnung" so viel mit auf den Weg zu bringen. Als HBL hat sie hier einen Platz gefunden, an dem sie sich mit ihrer Profession an vielen Stellen einbringen kann. Aber sie sagt auch: „Die hauswirtschaftlichen Berufe müssen in Hinblick auf die neue Generation von Altenhilfeeinrichtungen überprüft werden." Mittlerweile gäbe es eine Reihe von Weiterbildungen speziell für Hausgemeinschaften, etwa zur Alltagsbegleiterin oder Präsenzkraft, wobei beide Bezeichnungen nicht geschützt sind und jeder Anbieter anders ausbildet. „Wir brauchen dringend einen Austausch über diese Form der Altenbetreuung mit anderen Häusern. Das ist noch ein Projekt von mir, so etwas aufzubauen."

Praxistipps

1. Da die Übergabe der Schichten der Präsenzkräfte nicht direkt erfolgt (es ist dazwischen eine Stunde Pause), wurde ein monatliches Treffen der Präsenzkräfte einberufen. Zudem ist pro Hausgemeinschaft eine Präsenzkraft als Hauptverantwortliche bestimmt worden.
2. Im Gegensatz zu anderen Hausgemeinschaftskonzepten gibt es hier einen übergeordneten Speiseplan.
3. Wer als Bewohner in eine andere der insgesamt sieben Hausgemeinschaften wechseln will, kann sich auf eine Umzugswunschliste setzen lassen.

Zu Besuch in Neuendettelsau

Die Diakonie Neuendettelsau ist nach eigenen Angaben die größte Ausbildungsstätte für die duale, also die betriebliche Berufsausbildung in der Hauswirtschaft in Bayern. Jahrzehntealte Traditionen wie die Herstellung von Hostien und Paramenten leben bis heute fort. Wir besuchten zudem Ausbildungsleiterin Elfriede Töpfer und sprachen mit ihr über Azubis, Piercings und Durchhaltevermögen.

In der Diakonie Neuendettelsau im gleichnamigen Dorf mit rund 8.000 Einwohnern sind Tradition und Moderne nur einen Steinwurf voneinander entfernt. Direkt neben dem DiaLog-Hotel wurde 2012 ein Verkaufsmarkt eingeweiht, in dem Menschen mit Handicap als Berater arbeiten. „Und ein neues Kompetenzzentrum für Menschen mit Demenz in München-Pasing wurde eingeweiht. Zudem bildet die neue Wilhelm Löhe Hochschule für angewandte Wissenschaften in Fürth seit dem Wintersemester 2012 die ersten Studenten für den Schnittstellen-Bereich zwischen Pflege und Gesundheitsökonomie aus", so Diakonie-Pressesprecher Thomas Schaller. Die Diakonie Neuendettelsau bietet derzeit 6.700 Arbeitsplätze in Voll- und Teilzeit an, zum Beispiel in Schulen, Werkstätten, Heimen, Krankenhäusern, im Service-Wohnen und in einem Hotel.

101 Hostien

Gegenüber der St. Laurentiuskirche, in der sich jeden Mittag viele der noch etwa 100 Diakonissen mit ihren markanten weißen Kopftüchern zum Mittagsgruß einfinden, liegt die „Hostienbereitung". Hier werden jährlich über eine Million Hostien per Hand gefertigt – und das schon seit über 150 Jahren. Einzigartig für die evangelische Kirche in Bayern.

Elfi Töpfer ist Einrichtungs- und Ausbildungsleiterin, Abteilung Handwerk und Versorgung, beim Bildungszentrum für Hauswirtschaft (Dialog-Hotel, Haus der Jugend, Helene-Löhe-Wohnheim) im Evang.-Luth. Diakoniewerk Neuendettelsau K.d.ö.R.

Das Mutterhaus der Diakonie Neuendettelsau mit einer Büste von Gründer Wilhelm Löhe

Die Hostien werden von Hand ausgestochen und nach ganz Europa versendet

Der Teig besteht aus reinem Weizenmehl und etwa sechs Grad kaltem Wasser. Er wird dann in speziellen Hostienbackeisen ähnlich einem Waffeleisen gebacken, nur dass hierbei bis zu zehn verschiedene religiöse Symbole eingedrückt werden können. „Wir haben Kunden von allen Landeskirchen Deutschlands, aber auch in Skandinavien, Österreich, Schweiz oder Liechtenstein“, sagt die leitende Diakonissin und Hauswirtschafterin Schwester Hedwig Wild. Vor rund zwölf Jahren haben die erfahrenen Hostienbäckerinnen auch eine glutenfreie Hostie entwickelt für Menschen mit Zöliakie, zudem gibt es inzwischen Hostien aus Bioweizen oder Biodinkel. Aus der runden, ausgebackenen Waffelteigplatte, die zunächst eine Nacht in einem Raum mit 80-prozentiger Luftfeuchtigkeit gelagert wird, um geschmeidig zu werden, werden am nächsten Tag an speziellen Stanzen die 28 kleinen Hostien ausgestochen. Sie fallen nach dem Stanzen durch ein Loch in eine im Tisch integrierte Schublade. Anschließend werden sie in Plastiktüten verpackt, „immer 101 Stück, weil es ja mal sein kann, dass beim Transport eine der Hostien kaputt gehen könnte“, so Hedwig Wild. Der Preis für diese 100 plus 1 Stück liegt bei 5,20 Euro plus Versand. Sie sind achtzehn Monate haltbar.

Die Diakonie Neuendettelsau

Die Diakonie Neuendettelsau wurde 1854 gegründet, ist eine der ältesten Einrichtungen in Deutschland und mit 200 Einrichtungen der größte Träger der Diakonie in Bayern. 2011 wurden in den Häusern der Diakonie Neuendettelsau rund 80.000 Menschen betreut, gefördert, behandelt oder unterrichtet. Viele Tausende nahmen zusätzlich die ambulanten Hilfen in Anspruch. 6.600 Frauen und Männer finden dort derzeit einen Arbeitsplatz. Damit ist die Diakonie Neuendettelsau der größte Arbeitgeber mit Sitz im Landkreis Ansbach. Sie bietet für zahlreiche Menschen mit einer geistigen Behinderung Wohn- und Arbeitsplätze. Zudem führt sie Senioreneinrichtungen mit etwa 2.400 Plätzen, außerdem 39 Schulen, die von über 4.000 Schülern besucht werden. Außerdem ist sie Träger der Krankenhäuser in Nürnberg (Klinik Hallerwiese und Cnopf'sche Kinderklinik), Ansbach (Rangauklinik) und in Neuendettelsau. Hinzu kommen Kindertagesstätten, Tagungs- und Gästehäuser (darunter das Dreisternehotel DiaLog), verschiedene Betriebe wie Bäckerei, Gärtnerei oder eine Schlosserei. Daneben gibt es die beiden kirchlichen Werkstätten Hostienbereitung und Paramentik. Die Internationale Akademie DiaLog bietet Bildung, Beratung und Begleitung für Führungskräfte und für Mitarbeitende aus der Diakonie, aus sozialen Unternehmen und aus Industrie und Wirtschaft an. Das Angebot reicht von Halb-, Ein- oder Mehrtagesseminaren über mehrwöchige Weiterbildungskurse bis hin zu mehrjährigen berufsbegleitenden Weiterbildungen. Auch im europäischen Ausland wie Spanien, Polen und Rumänien unterhält das Werk Fachschulen, Senioreneinrichtungen und ambulante Dienste. Die Diakonie Neuendettelsau verantwortet Pilotprojekte im Bereich der Dienste für Menschen im Alter wie das Kompetenzzentrum für Menschen mit Demenz im Nürnberger Tilly-Park, ein Forschungsinstitut und eine Hochschule in der Wissenschaftsstadt Fürth sowie DiaCare, ein Dienstleistungsangebot in Spanien.

70 Azubis pro Jahr

„Wir bilden schon seit der Gründung des Diakoniewerkes vor über 150 Jahren in Hauswirtschaft aus", sagt Elfriede Töpfer. Die 53-Jährige ist seit zehn Jahren Einrichtungs- und Ausbildungsleiterin des Bildungszentrums für Hauswirtschaft in der Diakonie Neuendettelsau. „Jedem hier ist klar, vom Vorstand angefangen, dass ohne Hauswirtschaft bei uns nichts laufen würde und dass durch eine professionelle Hauswirtschaft die Lebensqualität enorm gesteigert wird." Derzeit sind es etwa 70 Jugendliche, die dual ausgebildet werden und die alle ein Bewerbungsgespräch mit der eleganten Powerfrau hinter sich haben. Die dreifache Mutter hat drei Berufsabschlüsse absolviert: Hotelfachfrau, Hauswirtschaftsmeisterin und Erzieherin. Ihre Maxime: Sie behandelt ihre Auszubildenden so, wie sie es sich selbst für ihre Kinder wünschen würde.

Erst wird nach den Arbeitszeiten gefragt…

Doch nicht immer ist es leicht, geeignete Bewerber zu finden, „das Thema Freizeit spielt heute eine wichtigere Rolle als noch vor zehn Jahren. Die Frage nach den Arbeitszeiten

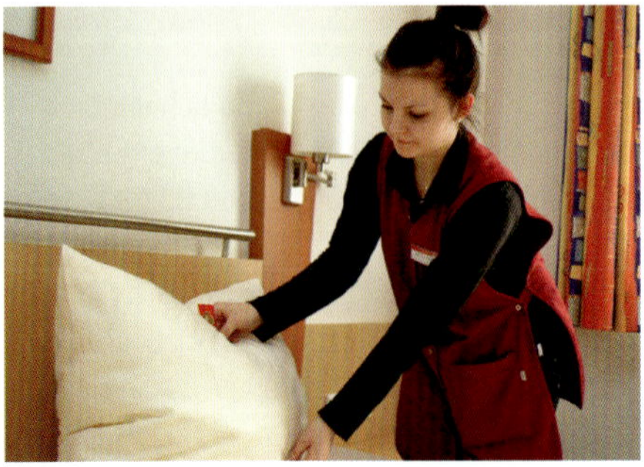

Mitarbeit einer Auszubildenden im Housekeeping im DiaLog-Hotel

kommt bei den meisten noch vor der Frage nach den Aufgaben. Wenn man keinen Job anbieten kann, der von 8.00 bis 16.00 Uhr läuft, dann wird es schon schwer, vor allem im Hotelgewerbe. Und vom Thema Piercing oder Fingernagelkunst möchte ich gar nicht sprechen, das hat überhand genommen – dabei sind diese Dinge laut RKI und Dienstanweisung nicht gestattet. Da reduziert sich dann der Bewerberkreis ganz schnell", so Töpfers Erfahrung. „Ganz ehrlich, ich hoffe, dass es die Hauswirtschaftsausbildung in den nächsten Jahren noch geben wird, denn viele Mädels – von Jungs kommen ohnehin kaum Bewerbungen – wollen einen Schreibtischjob haben und dabei schickie Kleidung tragen – alles Dinge, die in der Hauswirtschaft eher nicht geboten werden." Töpfer weiß um den Konkurrenzkampf zwischen den Berufsschulen (mit geregeltem Lehrplan und BAFÖG) und den dual ausbildenden Betrieben um jeden verbliebenen Bewerber. Doch für sie ist die duale Ausbildung der bessere Weg. Und so gibt es während der Ausbildung auch Großprojekte wie das Catering für eine Bildungsmesse im nahen Nürnberg, Empfänge oder auch ein Wohltätigkeitsball mit opulentem Menü. Die Azubis können hier den späteren Berufsalltag kennenlernen mit all dem Stress, dem notwendigen Teamgeist und einem kräftigen Schuss Realität, sprich dem Test der eigenen Belastbarkeit. „Alles Anforderungen, die genau so in deutschen Stellenanzeigen bei der Suche nach neuen Mitarbeitern ganz weit oben stehen", sagte die Trainerin Heidi Brimmer, die zu einem Seminar für Ausbilder in der Hauswirtschaft nach Neuendettelsau eingeladen wurde.

Vierfacher Einblick

„Ich denke, dass wir die Jugendlichen durch die enorme Vielfalt der Ausbildung gut auf den Arbeitsmarkt vorbereiten können", so Töpfer, die ohnehin davon überzeugt ist, dass es heute nicht mehr reicht, nur einen Berufsabschluss zu haben. Deshalb durchlaufen die Auszubildenden der Hauswirtschaft hier grundsätzlich vier Einsatzbereiche:

1. Seniorenheim (Küche, Stationen, Hauspflege)
2. Krankenhaus (Cook and Chill-Küche, Stationen, Hausservice, Bettenzentrale)
3. Behindertenbereich (Küche, Gruppen, Hausservice)
4. Dienstleistungen (wie das DiaLog-Hotel mit Tagungszentrum oder das Haus der Jugend mit Versorgung der Schulmensa mit täglich 200 Mahlzeiten und bargeldlosem Bezahlsystem oder Bewirtschaftung des Cafés in einer Service-Wohnanlage).

Dadurch sollen die Jugendlichen Einblick in die Eigenheiten der Versorgung und Betreuung verschiedenster Personengruppen erhalten und lernen die Zusammenarbeit mit anderen Berufsgruppen wie Krankenschwestern, Heilerziehungspflegern oder Pädagogen kennen. „Vie-

Auch bei der Mittagsverpflegung für die Schüler arbeiten die Hauswirtschafts-Azubis mit

Betreuung der Cafeteria im Seniorenzentrum

Bettenzentrale in der Clinic

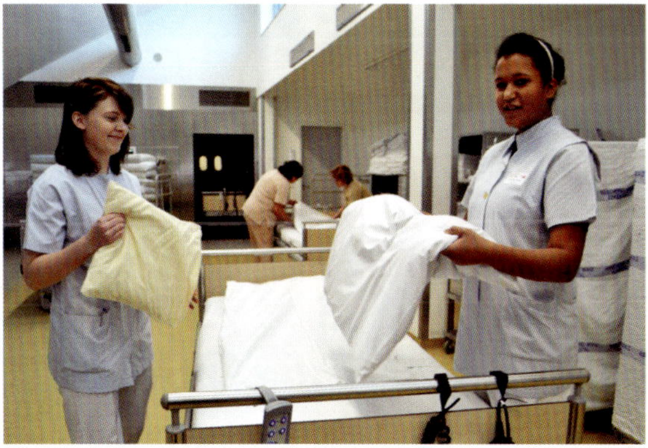

le Erfahrungen sammeln, eigene Stärken entdecken, regelmäßige Reflexionsgespräche – all dies erleichtert die weitere berufliche Orientierung bereits während der Ausbildung. Hier entscheiden die jungen Menschen dann nach ihren Neigungen mit uns gemeinsam, wie es für sie weitergeht", so Töpfer. Etwa ein Drittel der Absolventen schließt noch eine pflegerische Ausbildung an und findet eine Beschäftigung in der Gesundheitspflege bzw. in Alten- oder Heilerziehungspflege. Ein weiteres Drittel sattelt auf die Ausbildung noch die Meisterin oder Hauswirtschaftliche/r Betriebsleiter/in auf und ein Drittel arbeitet als Hauswirtschafter/in, geht in die Familienphase oder ergreift einen anderen Beruf wie Raumausstatterin, Physiotherapeutin oder als Erzieherin. „Viele unserer Absolventen arbeiten in der Diakonie – jährlich sind bei uns in den letzten Jahren insgesamt rund 100 neue Arbeitsplätze entstanden", berichtete Pressesprecher Thomas Schaller. „Hinzu kommt eine ordentliche Vergütung von aktuell 828,52 Euro im dritten Lehrjahr und die Möglichkeit, direkt hier auf dem Gelände im Haus der Jugend kostengünstig zu wohnen", ergänzte Töpfer. Letzteres sei auch vielen Eltern recht, die ihre 16-jährigen Kinder nicht immer gerne in großen Städten ihre Ausbildung machen sehen.

Es kann für die Paramente sogar mit Naturstoffen gefärbt werden

Paramente sind Zierstoffe für die Ausstattung von Kirchenräumen

Schillerndes Nähgarn: die beliebtesten Farben sind Grün, Violett, Weiß und Gold

Paramente für die Dresdner Frauenkirche

Neben dem Mutterhaus, in dem sich heute noch der Saal befindet, in dem 1854 Wilhelm Löhe eine der ältesten diakonischen Einrichtungen in Deutschland gegründet hat, steht eine kleine Kirche. Diese ist im Laufe der Jahre jedoch zu eng geworden und beherbergt heute die „Paramentenwerkstatt". Paramente sind Zierstoffe für die Ausstattung von Kirchenräumen. Und schnell wird klar, dass es sich hier nicht nur um Handwerk, sondern um Kunst handelt. So erhielt die Diakonie Neuendettelsau den Zuschlag, Paramente für die Dresdner Frauenkirche herzustellen. Die etwa 1 × 0,80 Meter großen Prachtstücke ähneln fast expressionistischen Gemälden von Joan Miró und fügen sich doch harmonisch in die opulente Innenarchitektur der berühmtesten Kirche Sachsens ein. Doch nicht nur für die Räume, sondern auch für die Kleidung der Pfarrer wird gesorgt: Mit insgesamt fünf Nähmaschinen (eine ist über 100 Jahre alt, die neueste ist PC-gesteuert und stammt von 2010) und drei Webstühlen entstehen hier unter anderem Weißstickereien und Durchbruchstickerei wie Hohlsaumarbeiten. „Wir könnten sogar mit Naturstoffen wie Färbeginster, Färbekamille oder Cochenille in Kesseln ganz traditionell färben", sagte die Hauswirtschafterin und Mitarbeiterin der Öffentlichkeitsarbeit,

Pia Kahr, „doch das ist natürlich auch eine Zeit- und damit Geldfrage." Bis Baumwolle die gewünschte Farbe auf natürliche Weise annimmt, können Monate vergehen. Eine handgewebte, nicht naturgefärbte Stola für einen Pfarrer kostet beispielsweise rund 500 bis 1.000 Euro und mehr. Der Verbrauch an dem schillernden Nähgarn, das fast eine halbe Wand des Raumes bedeckt, ist enorm. „Unter 1.000 Meter Länge brauchen wir erst gar nicht bei unserem Händler bestellen", sagte Paramenten-Fachfrau Rosalia Penzko. „Doch das geht schnell, denn eine Garnrolle hat ja schon rund 200 Meter." Und was sind die beliebtesten Farben bei den Auftraggebern? „Ganz klar: Grün, Violett, Weiß und Gelb- bzw. Goldtöne." Ein echtes Highlight ist eine Stola der Designerin Beate Baberske-Krohs, in die kleine Magnete eingearbeitet sind, an denen Schmetterlinge angeheftet werden können ... Symbole der Wiederauferstehung.

Den Diakoniegedanken verbreiten

In der Diakonie Neuendettelsau werden auch Rumänen zu Pflegekräften ausgebildet, „für den Bedarf in ihrem Heimatland, denn auch dort macht sich der demografische Wandel bemerkbar", so Thomas Schaller. Die osteuropäischen Kräfte lernen im ersten Jahr Deutsch und blicken im Auftaktjahr in verschiedene Abteilungen. So arbeitete ein junger Rumäne in der Hauswirtschaftsabteilung des DiaLog-Hotels. In Polen betreibt die Diakonie Neuendettelsau eine eigene Altenpflegeschule und ein Seniorenheim. Für den Hauswirtschaftsunterricht nicht nur der auswärtigen Gäste ist Elfriede Töpfer zuständig, die insgesamt schon seit 17 Jahren in der Diakonie Neuendettelsau arbeitet.

„In Sachen Hygiene und Arbeitsschutz sind die Osteuropäer relativ fit", sagte sie, „und Kochkompetenz sowie eine grundsätzliche Gastfreundschaft bringen die meisten auch mit. Immer wieder wurden wir von unseren Praktikanten wirklich herzlich eingeladen und bewirtet."

Am Ende sollen dann die erworbenen Kompetenzen in den Heimatländern weitergegeben werden und der Gedanke der Diakonie auf diese Weise neue Länder erreichen. Andersherum hat jedoch noch kein Deutscher Azubi den Weg nach Polen oder Rumänien während der Ausbildung gewagt. „Das liegt sicherlich auch an den geringeren Löhnen und den dort gleichzeitig stark gestiegenen Lebenshaltungskosten", vermutet Töpfer.

Praxistipps

1. Vor über zehn Jahren haben die erfahrenen Hostienbäckerinnen eine glutenfreie Hostie für Menschen mit Zöliakie entwickelt.
2. Es ist nicht leicht, Bewerber zu finden. Das Thema Freizeit spielt heute eine wichtigere Rolle als noch vor zehn Jahren.
3. In der Diakonie Neuendettelsau werden auch Rumänen zu Pflegekräften ausgebildet.

Kompetenzanalyse für Hausgemeinschaften

Um Potenziale von Mitarbeitern entdecken und fördern zu können, entwickelte die Samariterstiftung Nürtingen vor vier Jahren eine sogenannte Kompetenzanalyse, unter anderem für Alltagsbegleiter. Die Hausgemeinschaften erfordern aber auch neue Stellenprofile für Hauswirtschaftsleitungen.

Als einer der Vorreiter im süddeutschen Raum hat die Samariterstiftung bereits vor zwölf Jahren erstmals in Tübingen damit begonnen, die klassischen Pflegeheime in Hausgemeinschaften umzuwandeln. Dieser Prozess ist nun fast abgeschlossen. Von den 24 Häusern der Altenhilfe arbeiten bereits 14 nach dem Hausgemeinschaftskonzept, weitere Häuser befinden sich noch in der Umbauphase und starten im Jahr 2014 mit der neuen Konzeption. Das hat auch Auswirkungen auf die Arbeitsabläufe der Mitarbeiter. Denn durch den Umbau vieler Häuser in Hausgemeinschaften (bis max. 15 Bewohner) bzw. Wohnbereiche nach dem Hausgemeinschaftskonzept (mehr als 15 Bewohner) ändert sich das Anforderungsprofil der Mitarbeiter ebenso wie das der Führungskräfte. Die Pflege konzentriert sich wieder auf ihre Kernkompetenz, frei werdende Tätigkeiten zum Beispiel in Betreuung oder Assistenz werden von Alltagsbegleiter/-innen und Betreuungsassistent/-innen (§87b, SGB XI) übernommen.

„90 Prozent der Mitarbeiter wählen diesen Schritt"

Wenn beispielsweise bisher zehn Mitarbeiter/-innen in einer zentralen Produktionsküche gearbeitet haben, nun aber direkt in den Hausgemeinschaften mit zwölf bis 15 Bewohner/-innen gekocht wird, dann heißt es für die Küchenmitarbeitenden, neue Aufgaben in den Hausgemeinschaften zu finden.

Matthias Kircher ist Referent für Fortbildung und Mitarbeiterentwicklung bei der Samariterstiftung, Nürtingen

„Unserer Erfahrung nach wählen etwa 90 Prozent der Mitarbeiter diesen Schritt, nachdem sie gefragt wurden und lassen sich als Alltagsbegleiter/-in ausbilden", so Matthias Kircher, Referent für Fortbildung und Mitarbeiterentwicklung bei der Samariterstiftung Nürtingen. Zusammen mit der IHK Reutlingen hat die Samariterstiftung einen fünfwöchigen Lehrgang entwickelt, in dem die Mitarbeiter/-innen zu „Alltagsbegleiter/-innen" ausgebildet werden. In einer weiteren, insgesamt fünfwöchigen Praktikumsphase – möglichst in einer anderen Einrichtung, die schon eine Hausgemeinschaft betreibt – wird die Theorie in die Praxis umgesetzt.
Doch zuvor müssen die Potenziale der Mitarbeiter erst noch entdeckt werden. Mit der vor vier Jahren entwickelten Kompetenzanalyse soll dies umfassend und objektiv gelingen. Ganz wichtig: Bei jeder Entwicklungsstufe wird die Mitarbeitervertretung mit eingebunden. „Wir möchten Mitarbeiter/-innen gezielter einsetzen und stärken. Mit der Kompetenzanalyse können wir feststellen, was Mitarbeiter/-innen besonders gut machen und vor allem, welche Aufgaben in den nächsten Jahren zu ihnen passen könnten", sagt Matthias Kircher.

Sieben Aspekte der Kompetenzanalyse

Und so funktioniert es: Sogenannte Einschätzer, also ausgewählte Führungskräfte aus der Hauswirtschaft, aber auch aus den anderen Fachbereichen wie etwa Pflege und Technik (bewusst Männer und Frauen), schätzen in einer Dreier-Skalierung in einer Excel-Tabelle die jeweiligen Mitarbeiter/-innen nach verschiedenen Anforderungskriterien ein.
Dem Einschätzerteam mit seinen verschiedenen Sichtweisen gelingt es – ähnlich wie bei einem Puzzle – die unterschiedlichen Potenziale festzustellen und zu einem Gesamtbild zusammenzustellen. Nur durch die Brille der Pflege bzw. der Hauswirtschaft betrachtet, könnten die Fähigkeiten und Talente nicht so umfassend erkannt werden.
Hier ein Beispiel mit sieben Anforderungen an eine/n Alltagsbegleiter/-in und jeweils den Kategorien zum Einschätzen mit 1 = sehr gut, 2 = mittel, 3 = gering (siehe auch Abbildung):

- Wahrnehmung
- Zusammenarbeit und Kommunikation
- Organisationsgeschick
- Kundenorientierung
- soziale Kompetenz
- fachliche pflegerische Anforderung an den Arbeitsplatz
- fachliche hauswirtschaftliche Anforderung an den Arbeitsplatz.

Nr.	Name, Vorname	Fachliche hauswirtschaftliche Anforderung des Arbeitsplatzes (1)	Fachliche pflegerische Anforderung des Arbeitsplatzes (2)	Soziale Kompetenz (3)	Kundenorientierung (4)	Organisationsgeschick (5)	Zusammenarbeit und Kommunikation (6)	Wahrnehmung (7)
1	Name, Vorname	10,00	8,33	8,33	10,00	8,33	8,33	8,33
2	Name, Vorname	10,00	8,33	8,33	8,33	8,33	10,00	8,33
3	Name, Vorname	8,33	8,33	8,33	8,33	8,33	8,33	8,33
4	Name, Vorname	5,00	1,67	6,67	5,00	8,33	6,67	6,67
5	Name, Vorname	5,00	5,00	6,67	6,67	8,33	5,00	6,67
6	Name, Vorname	1,67	0,00	3,33	6,67	6,67	3,33	5,00
7	Name, Vorname	10,00	8,33	10,00	10,00	8,33	8,33	8,33
8	Name, Vorname	0,00	5,00	5,00	10,00	10,00	10,00	10,00
9	Name, Vorname	10,00	8,33	10,00	8,33	8,33	8,33	8,33
10	Name, Vorname	5,00	5,00	6,67	8,33	6,67	8,33	6,67
11	Name, Vorname	10,00	1,67	5,00	8,33	10,00	6,67	8,33
12	Name, Vorname	8,33	6,67	5,00	6,67	8,33	6,67	8,33
13	Name, Vorname	0,00	0,00	3,33	3,33	5,00	1,67	0,00

Erfassungsbogen für die Kompetenzanalyse der Samariterstiftung

Im jährlichen Mitarbeiter-Jahresgespräch werden dann die Ergebnisse der Fremdeinschätzungen mit der Eigenwahrnehmung des Mitarbeiters abgeglichen. Dieses Feedback zur Arbeit ist wie ein Kompass. „Gerade die jüngeren Mitarbeiter bei uns erwarten das Feedback, sie kennen es schon aus der Schule", beobachtet Kircher.

Einen weiteren Vorteil dieses Instruments sieht der Theologe und Diakoniewissenschaftler darin, dass auf diese Weise auch Talente aus den eigenen Reihen entdeckt werden, die mittelfristig einmal übergeordnete Koordinatoren- oder Führungsaufgaben in der Samariterstiftung übernehmen können.

Welche Rückschlüsse können nach den vier Jahren gezogen werden? „Die Kompetenzanalyse hat sich als sehr hilfreich erwiesen", so Kirchers Fazit. „Wir können nun auch besser den Blick auf die Teamentwicklung legen und Stärken und Schwächen der Gruppen deutlicher erkennen."

Verbessert wurde außerdem, dass nach einem Jahr Umsetzung die Ergebnisse aus der Kompetenzanalyse überprüft werden. Empfehlenswert ist eine Wiederholung nach drei Jahren, somit ist die Analyse keine einmalige Angelegenheit.

Neues Stellenprofil für die HWL folgt

Die Entwicklung zum Hausgemeinschaftskonzept hat auch Auswirkungen auf Aufgaben und Zuständigkeiten der Hauswirtschaftsleitungen, insbesondere auf Anleitung und Beratung, wie Regina Munz, leitende Referentin für Hauswirtschaft bei der Samariterstiftung, bestätigte.

„In diesem Jahr haben wir in einem umfangreichen Projekt die neuen Stellenprofile gemeinsam mit den betroffenen Hauswirtschaftsleitungen entwickelt. Diese werden nach Abstimmung mit den Dienststellenleitungen Anfang nächsten Jahres endgültig verabschiedet.

Anschließend werden wir gemeinsam ein Qualifizierungsprogramm entwickeln, welches die Hauswirtschaftsleitungen in ihren neuen Anforderungen und Aufgaben gezielt unterstützt und fördert. Daraus erarbeiten wir dann ein zweijähriges Trainingscurriculum", sagte Regina Munz.
Parallel dazu ist Munz in Kontakt getreten mit dem Referat Altenhilfe und Pflege der Samariterstiftung. Denn eines ist klar: Durch das Hausgemeinschaftskonzept müsse zukünftig die Zusammenarbeit zwischen den Fachbereichen Hauswirtschaft und Pflege sehr eng und teamorientiert stattfinden.
„Ich denke dabei auch an gemeinsame Projekte und Fortbildungen mit Hauswirtschaftsleitungen und Pflegedienstleitungen", sagt Munz. „Dabei bin ich in der glücklichen Lage, dass meine Kollegen und Kolleginnen aus dem Referat Altenhilfe und Pflege diese Idee unterstützen und ihre Zusammenarbeit schon zugesagt haben.
Wir haben also genug Arbeit vor uns für die nächste Zeit!"

Praxistipps

1. Mit der Kompetenzanalyse kann festgestellt werden, was Mitarbeiter/-innen besonders gut machen und vor allem, welche Aufgaben in den nächsten Jahren zu ihnen passen können.
2. Sogenannte Einschätzer schätzen in einer Dreier-Skalierung in einer Excel-Tabelle die jeweiligen Mitarbeiter/-innen nach verschiedenen Anforderungskriterien ein.
3. Empfehlenswert ist eine Wiederholung nach drei Jahren, somit ist die Analyse keine einmalige Angelegenheit.

Menschen mit Handicap in der Gebäudereinigung

Vor etwa einem Jahr gründete der Caritasverband der Stadt Köln mit dem Dienstleister KDS die Integrative Servicegesellschaft CariClean. Das Unternehmen ist spezialisiert auf Einrichtungen des Gesundheitswesens und eines von inzwischen rund 100 anerkannten Integrationsunternehmen für Gebäudereinigung in Deutschland.

Aktuell sind es fast 30 Kunden, bei denen CariClean Dienstleister ist, vor allem im Raum Köln bei der Caritas und dortigen anderen katholischen Einrichtungen. Extra für derzeit 20 Mitarbeiter, sechs davon mit Handicaps, wurden Schulungsunterlagen durch die KDS in Zusammenarbeit mit dem Partner der Gesellschaft für Rehabilitations- und Integrationsmanagement mbH entwickelt, beispielsweise Schulungsvideos, in denen unter anderem die allgemeine Arbeitsvorbereitung, Hygienemaßnahmen wie das Tragen von Dienstkleidung oder das Verbot von Schmuck bildhaft erklärt werden. Aber auch alle anderen fachlichen Schulungsunterlagen wurden hier auf die Bedürfnisse der Menschen mit Behinderung angepasst. „Inzwischen verwenden wir diese besonderen Schulungsunterlagen auch für die eigenen Mitarbeiter, da wir einfach festgestellt haben, dass die stärkere Bildsprache auch bei Mitarbeitern ohne Behinderung viel besser verstanden wird“, so Silke Schaumlöffel.

Betriebsleiterin Irmgard Klinger leitet die Menschen mit Handicap zielgruppengerecht an

Was sind Integrationsunternehmen?

Ein Integrationsunternehmen ist ein selbstständiger, besonderer Betrieb des allgemeinen Arbeitsmarktes. Besonderheit eines Integrationsunternehmens ist, dass wirtschaftliche Ziele verfolgt werden – dabei jedoch dauerhaft einem großen Anteil von behinderten Menschen ein Arbeitsplatz geboten wird. Je nach Integrationsunternehmen werden zwischen 25 und 50 Prozent Menschen mit Behinderung auf tariflicher Basis oder auf unbefristeten Arbeitverträgen mit mindestens ortsüblicher Entlohnung beschäftigt. Wer zu 40 Prozent Schwerbehinderte im Unternehmen beschäftigt, erreicht die Gemeinnützigkeit und erhält außerdem verschiedene Förderungen, um diesen Wettbewerbsnachteil auszugleichen. Derzeit gibt es deutschlandweit laut dem Institut REHADAT über 100 Integrationsunternehmen, die Gebäudereinigung anbieten, wie etwa die Kölner CariClean gGmbH, die Stuttgarter Okin GmbH und Tandien gGmbH oder Picco Bella aus Aachen. Integrationsunternehmen umfassen jedoch alle Bereiche des allgemeinen Arbeitsmarktes und bieten besonders im Dienstleistungsbereich ihre Leistungen an:

- Reinigung und Hausmeisterdienste
- Fahrdienst
- Recycling
- Bürodienstleistungen
- Gastronomie, Catering und Gemeinschaftsverpflegung
- Elektromontage
- Garten- und Landschaftsbau
- Einzelhandel (Cap-Märkte).

(Quellen: Kommunaler Sozialverband Sachsen, REHADAT)

HBL mit vielen Aufgaben

Silke Schaumlöffel ist Hauswirtschaftliche Betriebsleiterin (HBL) und bei der KDS (www.die-kds.de), dem Management-Partner von CariClean (www.cariclean.de), als Regionalleiterin angestellt.
Ihre zahlreichen Aufgaben sind:

- organisatorische, kaufmännische und operative Führung
- Neustarts begleiten
- passendes Reinigungs-Equipment und Maschinen besorgen
- Budgetcontrolling von Personalbudget und Investitionsbudget
- Wirtschaftsplanungsvorbereitung
- Schulung der Mitarbeiter
- Qualitätsmanagement.

Die Wege, um Reinigungsmitarbeiter zu finden, sind unter anderem Arbeitskräfte aus Werkstätten anzusprechen oder bei Trägern von Bildungsmaßnahmen anzufragen. „Doch auch über Mund-zu-Mund-Propaganda, konventionell über die eigene Webseite und Medienberichte haben wir schon Mitarbeiter gefunden“, sagt Silke Schaumlöffel.

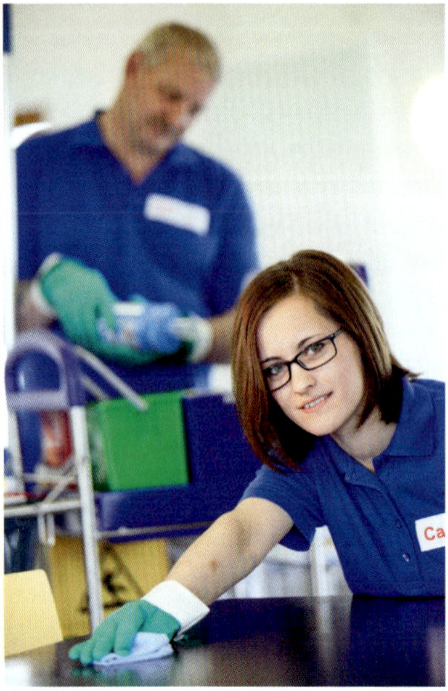

Eine der aktuell sechs Mitarbeiter/innen mit Handicap bei der fachgerechten Reinigung

Arbeit in gemischten Zweier-Teams

In der Regel werden Teams im Verhältnis von Eins zu Eins gebildet, sodass jeder Mensch mit Behinderung zusammen mit einem Mitarbeiter ohne Handicap arbeitet. Silke Schaumlöffel: „Die Arbeitsteilung kann dann so aussehen, dass einer der beiden in einem Zimmer nur den Boden reinigt, der andere nur die Oberflächen sowie den Müll entleert. Oder dass einer im Team die Zimmer rechts vom Flur reinigt, der andere die Zimmer links vom Flur. Auch das Bedienen der Maschinen ist ein wichtiges Aufgabengebiet. Wir gehen hier individuell auf die Bedürfnisse der Mitarbeiter ein.“

Gemeinsam mit der KDS gründete der Caritasverband der Stadt Köln die Integrative Servicegesellschaft CariClean. KDS ist bei der gemeinnützigen GmbH der Spezialist aus der Privatwirtschaft für die Reinigung. Bei der KDS Services für Gesundheit und Pflege sind deutschlandweit fast 6.000 Mitarbeiter in Fremdaufträgen und in über 50 Servicegesellschaften beschäftigt. Mit dem sozialen Träger, Caritasverband der Stadt Köln, soll nun das Wissen beider Anbieter zusammengebracht werden.

„Da wir ja indirekt zur Caritas gehören, konnten wir in den vergangenen Monaten einige Reinigungsdienstleistungen sogar wieder insourcen die vorher outgesourced waren“, sagt Schaumlöffel.

Zahlung nach Gebäudereiniger-Tarif

Je nach Kundenwunsch wird entweder zunächst ein Raumverzeichnis mit den angefragten Leistungen und den Reinigungshäufigkeiten erstellt oder die bereits vorhandenen Unterlagen aufgearbeitet. Dies wird mit einem kalkulierten Stundenverrechnungssatz ergänzt.

„Man kann aber auch als Reinigungskunde direkt nur die Zahl der Stunden abrechnen; beispielsweise fünf Stunden Reinigung am Tag einkaufen inklusive Leistungsverzeichnis. Dieses Leistungsverzeichnis gibt auch bei dieser Variante beiden Seiten Sicherheit“, sagt Silke Schaumlöffel. Bei kleinen Kunden kann der Stundensatz etwas höher sein, da der organisatorische Aufwand hierbei höher ist: wie zum Beispiel Reinigungstextilien zu transportieren oder an einem anderen Ort zu waschen, wenn sich keine Waschmaschine für die Wischbezüge im Objekt befindet. Die Mitarbeiter erhalten den Tarif der Gebäudereiniger von derzeit 9,31 Euro beziehungsweise ab 2015 dann 9,55 Euro pro Stunde.

Leichte Kommunikation per Blickkontakt zwischen Betriebsleiterin Irmgard Klinger und einer Mitarbeiterin

Qualitätskontrolle mit App statt Papier

Die Qualitätssicherung wird mit einer eigens 2005 entwickelten Software namens GEKOsoft (Gebäude-Kontroll-System) durchgeführt. „Bei uns führt die Objektleitung die Qualitätskontrolle durch", sagt Silke Schaumlöffel. „Vor zwei Jahren haben wir das noch mit einem extra Endgerät gemacht, doch jetzt gibt es ja hierfür Apps auf Smartphones." Wie ein Schulnotensystem werden dann vom Objektleiter bei dem hinterlegten Leistungsverzeichnis die entsprechenden Noten vergeben. „Ein weiterer Vorteil dieses Systems ist auch, dass man es zur Mitarbeiterschulung nutzen kann. Denn wenn immer wieder bestimmte Leistungen nicht erbracht wurden, beispielsweise dass zwar der Müllbeutel gewechselt, doch der Mülleimer selbst nicht dabei gereinigt wurde, kann man diese Mängelliste ausdrucken und bei der nächsten Schulung des Mitarbeiters bewusst ansprechen.

Gereinigt wird ganz bewusst tagsüber

Während Büros eher am Abend gereinigt werden, sind die Reinigungskräfte des Integrationsunternehmens ganz bewusst vor allem tagsüber in der Reinigung unterwegs, beispielsweise frühmorgens in Werkstätten, tagsüber in Altenheimen, im Gesundheitswesen oder in der Kita. „Es ist unser Anliegen, unsere Mitarbeiter nicht zu verstecken, denn nur so wird ja auch unser besonderer Dienst erkennbar." Hier arbeiten derzeit ausschließlich Menschen mit geistigen oder körperlichen Behinderungen. Arbeitskräfte mit psychischen Erkrankungen wie Borderline-Syndrom oder ähnlichem sind hier (noch) nicht zu finden. „Die meisten unserer Mitarbeiter sind gehörlos oder haben geistige Einschränkungen, da muss man dann immer sehen, zu welchem Team und Kunden die Mitarbeiter passen." Hierfür gibt es auch Testphasen, entweder bis zu einem halben Jahr in Außenarbeitsplätzen zur Integration in den ersten Arbeitsmarkt der Werkstätten oder bei vier- bis sechswöchigen Praktika als Test. Die Betriebsleiterin der CariClean, Irmgard Klinger, die die Mitarbeiter schult und anleitet, ist schon seit 25 Jahren in der Gebäudereinigung tätig und absolviert aktuell sogar einen Gebärdensprachkurs. „Meist arbeiten wir einstufig mit vorgetränkten Wischbezügen", sagt Silke Schaumlöffel. „Wir passen die eingesetzten Systeme auf die Bedürfnisse der Kunden an." Gibt es auch Reinigungsbereiche, die hygienisch zu sensibel sind, um dort mit Menschen mit Behinderung zu arbeiten? „Nein", sagt Silke Schaumlöffel, „wir sind ganz bewusst im Gesundheitswesen, das ist ja unser Aushängeschild und Fachgebiet. Und das soll auch bei der Tochtergesellschaft abgebildet werden." Auch der Umgang mit Reinigungsmaschinen wird von den Mitarbeiter/innen geübt und gut beherrscht. „Wir verwenden recht häufig Maschinen, denn die Mitarbeiter kommen sehr gut mit den Aufsitzern zurecht."

Silke Schaumlöffel ist HBL und Regionalleiterin bei der KDS

Zur Person

Nach ihrer Ausbildung zur Hauswirtschafterin arbeitete Silke Schaumlöffel auf einem südhessischen Weingut im Rheingau in einem Privathaushalt. Hauswirtschaftliche Betriebsleiterin wurde sie 1995 nach ihrer Ausbildung an der Elisabeth-Knipping-Schule in Kassel. Nach einer bundesweiten Bewerbungsphase im Sommer 1995 arbeitete sie im Rhein-Main-Gebiet in drei Einrichtungen des Gesundheitswesens hauptsächlich im Klinikbereich, unter anderem in einem Universitätsklinikum. In allen Einrichtungen lag der Schwerpunkt bei der Reinigung, Wäscheversorgung und dem Veranstaltungsmanagement. Zum Schluss übernahm sie in einem Krankenhaus die Leitung Wirtschafts- und Versorgungsdienste, wo neben der Hauswirtschaft inklusive Großküche auch der Einkauf und der Hol- und Bringedienst inbegriffen war. Der Bereich Hauswirtschaft lag ihr immer am Herzen. „Besonders das Organisieren von großen Veranstaltungen, wie Vernissagen für Kunstausstellungen im Krankenhaus, Weihnachtsfeiern und Jubiläen war eine schöne Abwechslung zum Alltag." Seit 2011 arbeitet sie bei der KDS als Regionalleitung für die Region Mitte mit einem Betriebs- und Bezirksleiter-Team von aktuell fünf Kollegen. Silke Schaumlöffel lebt in Frankfurt, hat eine REFA-Grundausbildung sowie diverse Weiterbildungen in der Gebäudereinigung bei FIGR absolviert. Durch Ihre Aufgaben ist sie viel unterwegs – am besten entspannen kann sie sich in der Natur, besonders auf dem Fahrrad – zum Beispiel am Main entlang von Frankfurt nach Seligenstadt.

Alle noch an Bord

Schaumlöffel hat festgestellt, dass die Mitarbeiter mit Behinderung sehr loyal gegenüber dem Arbeitgeber sind, „seit der Gründung des Unternehmens im Dezember 2013 sind noch alle Mitarbeiter an Bord. Und sie sind sehr zuverlässig", betont Silke Schaumlöffel, „es dauert vielleicht etwas länger in der Einweisung, bis sie etwas tun können, aber dann machen sie die Sache richtig gut!"

Praxistipps

1. In der Regel werden Teams im Verhältnis von Eins zu Eins gebildet, sodass jeder Mensch mit Behinderung zusammen mit einem Mitarbeiter ohne Handicap arbeitet.
2. Die Qualitätssicherung wird mit einer eigens entwickelten Software namens GEKOsoft (Gebäude-Kontroll-System) durchgeführt.
3. Während Büros eher am Abend gereinigt werden, sind die Reinigungskräfte des Integrationsunternehmens ganz bewusst vor allem tagsüber in der Reinigung unterwegs, beispielsweise frühmorgens in Werkstätten, tagsüber in Altenheimen, im Gesundheitswesen oder in der Kita.

„Wir kommen, wenn die anderen fertig sind"

Als Patient hat man im österreichischen Bezirkskrankenhaus Kufstein im wahrsten Sinne gute Aussichten. Von den oberen Zimmern fällt der Blick auf die Berge, die Kufstein umgeben: Ob der Pendling mit seiner einsamen Hütte am Gipfel, das Zillertal oder die Bergspitzen vom Zahmen Kaiser. Für das Reinigungsmanagement sorgt hier seit Mai 2011 die deutsche HWL Imke Rodley, die über 100 Mitarbeiter zu führen hat, wie sie sagt „am besten mit Klarheit und Wertschätzung".

„Wir kommen dann, wenn die anderen fertig sind", so einfach beschreibt HWL Imke Rodley in einem Satz die Aufgaben ihres über 100-köpfigen Reinigungsteams im Bezirkskrankenhaus Kufstein. Zusammen mit ihren zwei Teamleiterinnen, die früher einmal hier Reinigungskräfte waren, ist Imke Rodley für die gesamte Reinigung des Krankenhauses mit 14 bettenführenden Stationen, der Krankenpflegeschule und des Personalwohnheims zuständig. Ausgenommen ist nur der Küchenbereich, der inklusive Reinigung vom Küchenteam verantwortet wird. Flachwäsche und Dienstkleidung sind geleast und werden von einem Dienstleister gewaschen. Die Bleiwesten der Urologie-Abteilung werden nach jedem Gebrauch wischdesinfiziert. In der Wäscherei aufbereitet werden hier mit vier Maschinen die Mopps (nebelfeucht) und Mikrofaser-Wischtücher – aber auch Matratzenbezüge von Babybetten oder Babywäsche aus der Gynäkologie-Abteilung kommen manchmal dazu. „Kalkulatorisch können wir durchaus mit Dienstleistern mithalten", sagt Rodley, „aber das geht nur mit Mitarbeitern, die sich zugehörig fühlen und deshalb möglichst regelmäßig auf der gleichen Station arbeiten." Was dieses Zugehörigkeitsgefühl ausmacht, das wollten wir genauer wissen.

Aufenthaltsraum mit Vinylboden (dieser muss nicht beschichtet werden)

14. Monatsgehalt und Wochenruhe

Da die Mitarbeiter im öffentlichen Dienst angestellt und bezahlt werden, gibt es bereits bei der Bezahlung und den Arbeitszeiten einige Besonderheiten, die einen klaren Unterschied zu deutschen Gepflogenheiten aufzeigen.
Alle Mitarbeiter der Reinigung sind fest vom Haus angestellt, und zwar fast ausschließlich in Teilzeit, meist zwischen 20 und 35 Stunden. In Vollzeit umgerechnet wären es etwa 60 Vollzeitstellen für die Reinigung von rund 53.000 Quadratmetern. Offiziell gilt eine Arbeitszeit von 40 Stunden, in Österreich werden ein 13. und 14. Monatsgehalt gezahlt, welche sehr niedrig versteuert werden müssen.
Außerdem muss mindestens 36 Stunden lang eine ununterbrochene Wochenruhe eingehalten werden, wenn am Wochenende gearbeitet werden sollte. Geleistete Überstunden der Reinigungskräfte werden jeweils mit 50 Prozent aufgeschlagen und dann mit 1,5 Stunden angerechnet. Für die Führungskraft Imke Rodley gilt diese Regelung übrigens nicht. Überstunden sind bei ihr bereits mit dem Gehalt abgegolten, das heißt, sie werden mit Freizeit ausgeglichen.

Nur ein Monat Probezeit

„Besonders überrascht hat mich die kurze Probezeit von nur einem Monat, die in Deutschland ja meist ein halbes Jahr beträgt", so Rodley, die für alle Einstellungsgespräche zuständig ist, „denn meist reichen diese vier Wochen nicht aus, um einen neuen Mitarbeiter so gut kennenzulernen und zu beurteilen." Jede neue Mitarbeiterin bekommt für ein Jahr einen befristeten Vertrag, danach wird er in ein unbefristetes Arbeitsverhältnis umgewandelt. Doch bisher konnte sich Rodley auf ihre über 20-jährige Personalerfahrung und eine gehörige Portion Bauchgefühl verlassen.
Zu ihren aktuell 106 Mitarbeitern gehören auch Personen, die vor 15 Jahren in einem anderen Kufsteiner Krankenhaus gearbeitet haben und nun übernommen wurden. Insgesamt ar-

Die Bettenaufbereitung findet grundsätzlich auf den Stationen statt

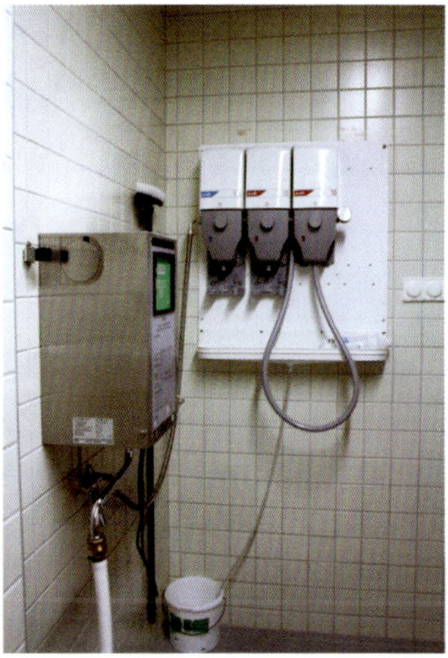

Dosieranlage für Desinfektionsmittel

beiten neben ihr nur zwei Deutsche im Reinigungsteam. Die meisten Mitarbeiter sind ungelernte Kräfte oder Migranten, wie etwa eine 50-jährige Reinigungskraft aus Kroatien, die eigentlich ausgebildete Juristin ist. Das angrenzende Personalwohnheim hat rund 100 sogenannte Garçonnièren (Einzelzimmer-Appartements), in denen die Mitarbeiter zu günstigen Preisen bis zu fünf Jahre lang wohnen dürfen. Auch Imke Rodley hat hier zum Start für einen Monat gewohnt.

Dienstplangestaltung dauert zehn Stunden

In einem Stationsheft können die Mitarbeiter bis zum 10. eines Monats ihre Urlaubs- und Abwesenheitswünsche eintragen. Diese werden von Teamleiterin Gertraud Dimter mit dem Dienstplanmodell „Alex“ von der Firma Bit Factory Software aus Steyr eingearbeitet und dann bis spätestens zum 15. des Monats ausgehängt. Jetzt dürfen die Mitarbeiter nochmals Änderungen angeben und dann steht der Plan endgültig fest.
Eine erfahrene Kraft wie Gertraud Dimter, die den Dienstplan jeden Monat zusammenstellt, benötigt etwa zehn Stunden, um die Einsatzzeiten von 70 Mitarbeitern der Reinigung für einen Monat zu koordinieren. Das Programm blockiert automatisch Dienste, bei denen beispielsweise die Wochenruhe nicht eingehalten wird. Es wird im ganzen Krankenhaus verwendet. „Ich finde das Programm wirklich klasse“, sagte Imke Rodley.

Pooldienst kann einspringen

Doch trotz dieser Unterstützung per Datenverarbeitung muss jeder Tag aufs Neue „geschaukelt“ werden. Wenn bei den täglich anwesenden 64 Kräften Krankheiten auftreten, dann hilft ein Pooldienst in der Unterhaltsreinigung aus, der sonst Grundreinigungstätigkeiten durchführen würde, die mehrmals pro Jahr anfallen, aber nicht so dringend sind.

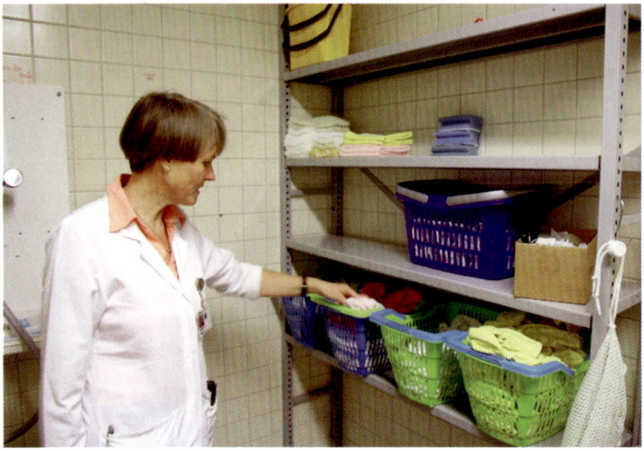

Imke Rodley erläutert das Vier-Farb-System der Mikrofasertücher

Manchmal sind die Personalreserven schon knapp, so Rodley, doch Mitarbeiter von Zeitarbeitsfirmen kommen auch dann nicht ins Spiel; in seltenen Fällen eher noch ein Gebäudedienstleister, der auch für die gesamte Fensterreinigung des BKH Kufstein zuständig ist.

„Mich regt so schnell nichts mehr auf“

Rodley sieht sich an der Schnittstelle zwischen Pflege, Hygienearzt, Beschwerdemanagement und auch als Schlichterin bei Auseinandersetzungen zwischen den Mitarbeitern. „Wissen Sie, ich war 13 Jahre lang in einer soziotherapeutischen Einrichtung für suchtkranke Patienten, diese Erfahrung hat mich abgehärtet und kommt mir hier zugute“, sagt Imke Rodley.

„Ich glaube, mich regt inzwischen nichts mehr so schnell auf“, fährt die HWL fort. „Natürlich, die Emotionen kochen auch hier manchmal hoch und ich erkenne manche Muster. Mein Ziel ist es dann vor allem, Ruhe ins Team reinzubringen, denn hinter lauten Emotionen stecken immer Ängste und Sorgen, die ich finden und möglichst beseitigen muss.“

Beim Thema Alkohol oder Sucht am Arbeitsplatz kennt sie keine Kompromisse, Mitarbeiter werden sofort und offen angesprochen. „Alkohol am Arbeitsplatz ist hier verboten, Rauchen nur in den Pausen erlaubt und wenn es mal einen Geburtstagssekt geben sollte, dann nur, wenn anschließend Feierabend ist“, sagt Rodley.

Konflikte lösen durch Spiegeltechnik

Als es zwischen zwei Mitarbeiterinnen mal eine starke Auseinandersetzung gab, bat Imke Rodley die beiden zu sich und jede sollte auf einer Metaplanwand das notieren, was sie bei der anderen jeweils als störend empfindet (unfreundlich, unpünktlich, unzuverlässig etc.). Verblüffendes Ergebnis: Es waren auf beiden Seiten fast dieselben Punkte, die Rodley zur Verdeutlichung noch mit einer Linie verbunden hat. Dieses Spiegeln des eigenen Verhaltens wirkte sehr erleuchtend auf die beiden Streitenden.

Neuseeland, Jersey, Kufstein – Stationen einer Norddeutschen

Imke Rodley ist in Oldenburg in Holstein geboren und hat nach ihrer Hauswirtschaftsausbildung die Weiterbildung zur staatlich geprüften HWL 1983 in der Landfrauenschule Hademarschen absolviert. Als Lehrkraft arbeitete sie in einer Landwirtschaftsschule, in einigen Großküchen sowie ein Jahr in der Schweizer Hotellerie, wo sie auch ihren jetzigen Mann aus Neuseeland kennenlernte, mit dem sie einige Jahre auf der britischen Kanalinsel Jersey lebte. „Zweimal bin ich mit meinem Mann nach Neuseeland gezogen und habe dort auch in einem Hotel gearbeitet, doch habe ich die europäischen Eigenarten schon sehr vermisst und wollte zurück", sagt Rodley. Alte Kirchen und Dorfplätze, Gebäude mit Geschichte und Baumalleen… Imke Rodley ahnte vorher nicht, wie stark das Gefühl von Heimweh sein kann. Zurück in Deutschland leitete sie drei Jahre lang die Hauswirtschaft in einer Reha-Klinik in Oberammergau mit 80 Mitarbeitern, um dann für 13 Jahre im Haus Röhling in Mittenwald zu arbeiten. In diesem Therapiezentrum für Suchtkranke war sie für Küche, Wäsche, Reinigung, QM und Warenbeschaffung zuständig und auch für Therapien mithilfe der Hauswirtschaft. Obwohl ihr das Team in Mittenwald sehr gefallen hat, suchte sie nach neuen Herausforderungen (O-Ton: „Gerne auch mal etwas ohne Küche.") Und so bewarb sich Imke Rodley auf eine Anzeige im Tiroler Tageblatt und trat im Mai 2011 ihren Dienst als „Objektleiterin Reinigungsdienst" im Bezirkskrankenhaus Kufstein an.

Wer schimpft, soll Lösungen anbieten

Und was macht sie, wenn es mal Gegrummel und schlechte Stimmung am Arbeitsplatz gibt? „Wenn jemand über irgendetwas auf der Arbeit schimpft, dann mache ich mir eine Notiz, frage an, was derjenige oder diejenige bereit ist, zu ändern, denn er oder sie darf gerne bei der Lösung mithelfen – und dann wird diese ausprobiert", so Rodley. Nach einer gewissen Zeit fragt sie dann nach, wie es mit dieser Lösung funktioniert hat, um die Motivation zu stärken. Die Mitarbeiter würden dann schnell spüren: „Hey, meiner Chefin ist es wichtig, dass es mir gut geht." Was sind denn für sie die entscheidenden Faktoren, um Konflikte schon im Vorfeld zu vermeiden? „Wertschätzung, die Mitarbeiter mit ihren Sorgen ernst nehmen und Klarheit sind schon mal gute Grundsätze. Hinzu kommt eine gewisse Entscheidungsfreudigkeit, auch mit dem Wissen, dass es im Arbeitsleben oft keine 100-prozentig richtigen Lösungen geben kann", fasst es Rodley zusammen. „Und man muss es als Führungskraft aushalten können, dass jemand nach einer Entscheidung sauer auf mich ist!", fügt sie lächelnd hinzu. Die Kufsteiner Verwaltungsdirektoren haben sich nicht zuletzt genau wegen dieser Fähigkeiten bei der Menschenführung für die Deutsche entschieden, „auch wenn ich sicherlich nicht so viel Wissen habe wie ein Gebäudereinigermeister, doch dafür habe ich ja meine beiden Teamleitungen. Und auch meine Vorgängerin hat mich gut eingearbeitet, das war auch ein ganz schöner Luxus", erinnert sich Rodley gerne zurück an ihren Start im Mai 2011 in Kufstein in Tirol.

Dosieranlage für flüssiges Waschmittel im Nebenraum. Nur das desinfizierende Pulver-Waschmittel für 30-Grad-Wäsche muss per Hand dosiert werden.

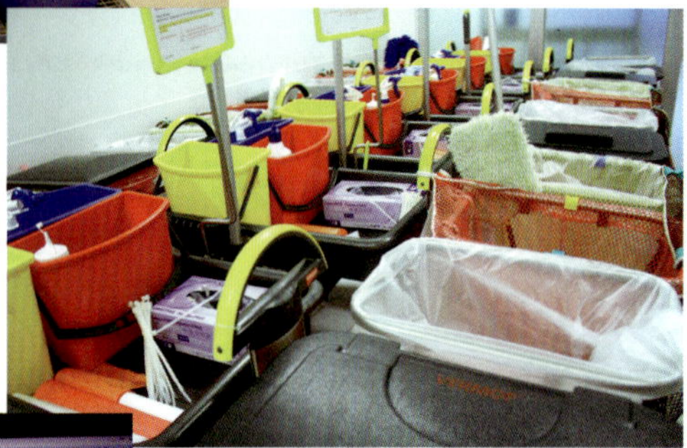

Fuhrpark im Erdgeschoss für Reinigungswägen mit Arbeitsanleitungen und Kabelbindern für die Mülltüten

Mit dem Dienstplanassistenten „Alex“ werden die Wünsche und Zeiten der Mitarbeiter verarbeitet

Praxistipps

1. Beim Thema Alkohol oder Sucht am Arbeitsplatz kennt Imke Rodley keine Kompromisse, Mitarbeiter werden sofort offen angesprochen.
2. Wenn jemand über irgendetwas in der Arbeit schimpft, macht Rodley sich eine Notiz, fragt an, was der- oder diejenige bereit ist zu ändern. Denn er oder sie darf gerne bei der Lösung mithelfen – und dann wird diese ausprobiert.
3. Man muss es als Führungskraft aushalten können, dass jemand nach der Entscheidung sauer auf einen ist.

Immer wieder Neues lernen

Unter dem Label „Lernen im Grünen" haben sich 44 Bildungszentren im ländlichen Raum zusammengeschlossen und wollen lebendige Orte zum Leben und Lernen sein. Eins dieser Häuser liegt in Hermannsburg bei Celle, mitten in der Lüneburger Heide. Hier haben wir HWL Anette Icken getroffen, die sich hier seit 30 (!) Jahren um die Hauswirtschaft kümmert.

Energietankstellen wollen sie sein, Ruhepole im Grünen, Orte des Austausches, des Lernens, der Entspannung und der Wissensvermittlung: Im Evangelischen Bildungszentrum Hermannsburg kann man sich vorstellen, dass dies klappt, liegt der staatlich anerkannte Erholungsort doch inmitten von Wäldern und weitläufigen Heideflächen. 1919 wurde das heutige Bildungszentrum als Niedersächsische Lutherische Heimvolkshochschule gegründet, mit dem Anspruch junge Menschen auf dem Land durch ein allgemeines christliches Bildungsangebot zu stärken. Heute ist das Zentrum ein Lernort, in dem Menschen in landschaftlich reizvoller Umgebung den Kopf frei bekommen können, um Neues zu lernen und Antworten auf persönliche und berufliche Fragen zu finden.

Lernen im Grünen: das Evangelische Bildungszentrum Hermannsburg

Heidschnucken gehören in der Lüneburger Heide einfach dazu

„Mit Papa on tour": ein Seminarangebot für Väter und ihre Kinder

133 Betten, 250 Veranstaltungen im Jahr mit rund 7.900 Teilnehmern, ein weitläufiges, parkähnliches Gelände mit Bauernhaus und mehreren einzelnen Gebäudeteilen. Für eine gastfreundliche Atmosphäre ist hier die Hauswirtschaft unter der Leitung von Anette Icken zuständig. Angefangen in Hermannsburg hat die HWL vor fast 30 Jahren als Küchenleiterin, damals war auch noch eine Hauswirtschaftsleiterin extra für die Hausreinigung vor Ort. „Das konnte man sich nur leisten, weil auch noch Fördergelder vom Staat flossen, doch es wurde immer knapper mit den Mitteln, daher gibt es seit 2000 nur noch mich als Gesamthauswirtschaftsleiterin", erzählt Anette Icken. Zum hauswirtschaftlichen Team gehören neben der HWL und ihrer Vertreterin, die beide Vollzeit arbeiten, zwei weitere Mitarbeiterinnen mit jeweils dreiviertel Stellen sowie zwei Mitarbeiterinnen mit halben Stellen in der Küche. Hinzu kommen weitere fünf Teilzeit-Mitarbeiterinnen im Bereich Hausreinigung, eine Teilzeit-Mitarbeiterin im hauswirtschaftlichen Controlling sowie zwei hauswirtschaftliche Azubis.
„Die Azubis sorgen dafür, dass man jung und beweglich bleibt", sagt Anette Icken, die insgesamt in Hermannsburg rund 45 Praktikanten und Azubis ausgebildet hat. Probleme, Auszubildende für die Hauswirtschaft zu bekommen, hat das Bildungszentrum nicht, denn laut der HWL gibt es im Umkreis nicht mehr viele Ausbildungsbetriebe. „Bisher habe ich alle Azubis richtig gut durch die Prüfung bekommen und alle haben hinterher auch eine Stelle gefunden."

Hauswirtschaft ist „Betrieb des Monats"

Erst kürzlich ist der Hauswirtschaftsbereich des Bildungszentrums von der Landwirtschaftskammer Niedersachsen zum „Betrieb des Monats" ernannt worden. Ziel dieser Aktion ist, Jugendliche die „grünen" Berufe näher zu bringen. Eine ehemalige Auszubildende sagte stellvertretend für alle hauswirtschaftlichen Mitarbeiterinnen anlässlich der Ernennung: „Wir haben hier ein ganz breites Arbeitsspektrum zu bewältigen, wobei mir das Zwischenmenschliche ganz wichtig ist. Schön ist auch, dass es immer etwas Neues gibt."

Gruppenarbeit bei „moving times"

Modernisierte Gästezimmer

Laut Anette Icken ist in Sachen Ausbildung viel Engagement gefragt, nicht nur von ihr selbst, sondern auch von den anderen Mitarbeiterinnen, die immer wieder anleiten und erklären müssen. „Aber es tut gut, die jungen Frauen um sich zu haben."
Das Berufsfeld Hauswirtschaft hat sich, so die HWL, im Laufe der Zeit erheblich verändert. Nicht nur körperliche, sondern auch immer mehr geistige Arbeit werde verlangt. „Die Ansprüche der Gäste wandeln sich, daher muss auch jede Mahlzeit überdacht werden. Allergien und Sonderkostformen spielen eine wichtige Rolle." Auf die Bedürfnisse und Wünsche der Seminarteilnehmer einzugehen, erfordere viel Kraft. „Der Gast möchte heute seine Wünsche sofort erfüllt sehen und erwartet eine individuelle Betreuung." Daher bemüht sich die HWL darum, persönlichen Kontakt zu den Seminarteilnehmern herzustellen und spricht sie auch direkt an.

Die Küche setzt auf ein regionales und saisonales Speisenangebot. Das Neuland-Fleisch kommt von einem regionalen Metzger, Lachsforellen holt Anette Icken auch schon mal direkt aus dem Teich im Nebenort und auf dem Gelände grasen friedlich sechs Heidschnucken, deren Fleisch vom Schlachter hin und wieder zu Heidschnuckenwurst verarbeitet wird. Auch Geschenke aus der Nachbarschaft wie Äpfel, Pflaumen oder Kürbis werden in der Küche gern verarbeitet. „Kartoffeln würde ich auch am liebsten von einem Hof beziehen, aber leider werden in der Umgebung bisher noch keine geschälten Kartoffeln angeboten."
Viele Seminarteilnehmer loben ausdrücklich die Qualität der Speisen. „Das Essen ist hier sehr gut und abwechslungsreich. Ich nehme mir immer vor, nicht so viel zu essen, aber das schaffe ich nicht", sagt beispielsweise eine Seminarteilnehmerin lachend, die wir auf dem Rundgang durchs Haus treffen.
Doch verschweigt Anette Icken nicht, dass es gerade bei Gruppen mit jüngeren Seminarteilnehmern auch Diskussionen über das Speisenangebot gibt. Das gilt zum Beispiel für den fünfmonatigen Winterkurs „moving times", an dem 18- bis 25-Jährige jeweils von November bis März teilnehmen. „Sind Hot Dog oder Hamburger gesund? Manchmal ist es schwierig, gesunde und regionale Ernährung zu vermitteln", sagt die Hauswirtschaftsleiterin. Sie ist zu Beginn des letzten Winterkurses dann auch erstmals in die Gruppe gegangen, um nach Essenswünschen zu fragen, um Unstimmigkeiten zu vermeiden. „Die Jugendlichen wünschten sich Nudeln und eher eine mediterrane Kost, hier muss ich sehen, dass ich einen Mittelweg finde."

HWL Anette Icken (sitzend) und Küchenmitarbeiterin Anke Uhlhoff

Offenes Haus – vielfältiges Programm

Das Kursangebot „moving times" ist fast einzigartig in Deutschland. Es bietet Jugendlichen nach dem Schulabschuss Hilfe bei der Entscheidungsfindung, in welche Richtung ihr Leben künftig gehen soll – quasi als Alternative zu einer Au-pair-Stelle, einem Auslandsjahr oder einem Freiwilligen Sozialen Jahr. „Manchmal ist es an der Zeit, etwas Besonderes zu tun. Raus gehen, vorgegebene Pfade verlassen, den eigenen Horizont erweitern, dem Leben Richtung geben", heißt es im Flyer zum Kurs. Neben den Themen Beruf und Bewerbung befassen sich die Jugendlichen auch mit psychologischen Themen und Selbstmanagement sowie dem persönlichen Glauben. Aber auch Kultur und Abenteuer kommen nicht zu kurz, so gibt es ein Theaterprojekt mit Aufführung, Sport und Outdoor-Aktionen sowie eine English-Conversation-AG.

„Bildung zum Leben" ist das Motto der gesamten Einrichtung, die damit ihre Nische in der Erwachsenenbildungslandschaft gefunden hat. Als offenes, einladendes Haus will es Hoffnung vermitteln, Freiraum anbieten und als Kraftquelle den christlichen Glauben nutzen. Das Angebot ist für alle offen, egal ob man evangelisch oder katholisch ist, einer Freikirche angehört oder gar keiner Kirche nahesteht.

Das Programm ist vielfältig und beinhaltet zum einen Kurse zur beruflichen Kompetenz im Bereich Kommunikation und Kooperation sowie auch Persönlichkeitsentwicklung und Life-Balance. „Gut leben statt viel haben", „Guter Umgang mit Stress als Burnout-Prävention" oder „Als Team auf dem Weg – was brauchen wir noch" sind Beispiele für Kursangebote in diesem Bereich. Dann gibt es spezielle Angebote zur Lebensgestaltung für Familien, für Frauen, Männer oder ältere Menschen. „Mit Papa on tour" ist beispielsweise ein Seminar, das sich an Väter und ihre Kinder im Alter von vier bis zwölf Jahren richtet und die Gelegenheit bieten will, ungestört von Alltag und Arbeit gemeinsam Abenteuer zu erleben. Hinzu kommen Seminarangebote aus dem Themenfeld Theologie, Glaube, Kirche sowie Politik und Wirtschaft sowie Bewegung und Gesundheit.

Seit 2011 gehört das Bildungszentrum auch zu einem der sieben Demokratiezentren der niedersächsischen Erwachsenenbildung. In diesem Rahmen nimmt es an den Hermannsburger Aktionstagen für Toleranz und Demokratie teil. Anfang September gab es dazu eine Veranstaltung im Bildungszentrum mit dem Thema „Hier zu Hause – Migranten erzählen".

Migranten aus Indien, dem Iran und Russland erzählen ihre Geschichte. „Ich orientiere mich an diesem Tag mit unserem Speisenangebot an diesen Ländern", berichtet Anette Icken, der der Austausch mit anderen Kulturen sehr wichtig ist. So hat sie im Rahmen ihrer Landfrauenarbeit an dem Buch „Fremde – Frauen – Freundinnen" mitgeschrieben. Das Buch ist in einer interkulturellen Schreibwerkstatt entstanden, bei der Landfrauen die sehr bewegende Lebensgeschichte von Kurdinnen aufgeschrieben haben, die heute im Landkreis Celle sesshaft geworden sind.

Anette Icken mit Seminarteilnehmern im Hof

Anke Uhlhoff ist Mitarbeiterin in der Küche

„Wir fahren über Land und stellen das Buch vor, das öffnet sehr die Augen für die Problematik der Migranten", berichtet Anette Icken.

Bildungszentrum statt Heimvolkshochschule

Grundsätzlich kann man sagen, dass sich die Formen von Weiterbildungsangeboten in den letzten Jahrzehnten verändert haben. So dauern die meisten Seminare nur noch zwei bis maximal fünf Tage. Daher wurde auch der Name der Einrichtung in Hermannsburg im Januar dieses Jahres von Heimvolkshochschule in Bildungszentrum geändert. „Unser Haus ist keine ‚Schule' mehr und auch kein ‚Heim', sondern ein Zentrum für Bildung", erklärt Geschäftsführer Pastor Henning Uzar. Und auch die Ansprüche der Gäste an die Art der Unterbringung haben sich im Laufe der Zeit gewandelt. Daher wird die Einrichtung ständig modernisiert. So wurde beispielsweise das Gästehaus rundum wärmegedämmt, außerdem sind moderne Ein- und Zweibettzimmer mit eigener Nasszelle entstanden. Es gibt auch noch Gästezimmer auf dem Gelände, bei denen sich das Bad auf dem Flur befindet. Zielsetzung ist, dies nach und nach zu ändern.

All diese Veränderungen stellen auch die Hausreinigung vor neue Herausforderungen. „Sind die Gruppen früher drei Wochen geblieben, sind es heute oft nur noch ein oder zwei Nächte, das hat natürlich Auswirkungen auf den Reinigungsturnus", erläutert die HWL. Außerdem seien die Reinigungsarbeiten durch die weitläufige Anlage und die Verteilung der Gästezimmer und Seminarräume auf verschiedene Häuser sehr anstrengend. „Wir erproben gerade ein neues, vereinfachtes Reinigungssystem mit vorgetränkten Tüchern und Mopps, das würde die Reinigungsarbeiten für unsere Mitarbeiterinnen doch sehr erleichtern."

Auch bei der Dienstplangestaltung gab es Neuerungen. So hatten sich die Mitarbeiterinnen in der Küche im Rahmen von Jahresgesprächen über ihren geteilten Dienst beschwert. „Ich war da aber ziemlich eingefahren und wusste keinen anderen Weg. Daher haben wir uns eine Coachin gesucht, die mit mir nach neuen Wegen gesucht hat." Mit Erfolg: Die Zeitplanung konnte geändert werden und der geteilte Dienst wurde zum Teil aufgehoben. Die Mitarbeiterinnen sind zufrieden damit. „Sie schätzen hier das menschliche Miteinander an ihrem Arbeitsplatz, auch wenn in dieser Einrichtung samstags und sonntags gearbeitet werden muss."

In jedem Bildungszentrum ist eine HWL oder HBL

Gefördert und unterstützt wird auch, dass die hauswirtschaftlichen Mitarbeiterinnen Fortbildungen besuchen, zum Beispiel zum Umgang mit Kombidämpfern. Einmal im Jahr veranstaltet auch der Bundesverband der Bildungszentren im ländlichen Raum eine HWL-Tagung jeweils reihum in den Häusern. Vorbildlich: In jedem Bildungszentrum des Verbandes ist eine HWL oder HBL zu finden.

Die HWL-Tagungen findet Anette Icken nicht nur in fachlicher Hinsicht, sondern auch zum Tanken von Selbstvertrauen sehr wichtig. Ebenso zieht sie Stärkung aus ihrer ehrenamtlichen Arbeit als stellvertretende Vorsitzende im Kreis-Landfrauenverband und bei der Ländlichen Erwachsenenbildung im Kreis Celle. Auch auf dieser Ebene macht sie sich stark für die Hauswirtschaft, genauso wie bei den internen Leitungsrunden im Bildungszentrum – und das seit über 30 Jahren.

Praxistipps

1. Allergien und Sonderkostformen spielen eine wichtige Rolle.
2. Der Gast möchte heute seine Wünsche sofort erfüllt sehen und erwartet eine individuelle Betreuung.
3. Das Kursangebot „moving times" ist etwas Außergewöhnliches. Es bietet Jugendlichen nach dem Schulabschluss Hilfe bei der Entscheidungsfindung, in welche Richtung ihr Leben künftig gehen soll.

Tagungen, Nachhaltigkeit und neue Geschäfte

Nachhaltig war es hier schon, bevor andere das Wort kannten. Das Schloss Hohenkammer nördlich von München hat sich auf Tagungen in der Premiumklasse spezialisiert und bietet auch entsprechende Qualität. Die Lebensmittel stammen größtenteils vom eigenen Bio-Gut Eichethof – mit dem wohl einzigen „Hühnertunnel" Europas. Und zwei HBL sorgen für reibungslose Abläufe im Housekeeping.

Schloss Hohenkammer ist ein gehobenes Seminar- und Tagungszentrum mit einer Gesamtfläche von rund 25.000 Quadratmetern. Im Mittelpunkt steht das nach historischem Vorbild aufwendig renovierte Wasserschloss. Ursprünglich stammt es aus dem 15. Jahrhundert, in seiner heutigen Form wurde es im 17. Jahrhundert erbaut.
Betrieben wird das Unternehmen Schloss Hohenkammer von der gleichnamigen GmbH, einer Tochtergesellschaft der Munich Re (früher Münchner Rück). Die Schlossanlage mit allen dazugehörigen Einrichtungen und das Gut Eichethof mit rund 800 Hektar Ländereien befinden sich seit dem Jahre 2003 im Eigentum der Munich Re. Heute beschäftigt die GmbH 163 Mitarbeiter. Es wird auch ausgebildet, sowohl im Housekeeping also auch in Gastronomie und Hotellerie.
Auf Geschäftsführer ist seit 1. Mai 2013 Martin Kirsch. Er folgte Leo Herrmann, der nach 30 Jahren in den Ruhestand gegangen ist. Worin sieht er den Hauptvorteil des Tagungszentrums? „Die Abgeschiedenheit unseres Areals rund um das Wasserschloss führt dazu, dass die Tagungsbesucher eher zusammenbleiben: Am Abend ist der Tag noch längst nicht zu Ende."

Das über 300 Jahre alte Schloss Hohenkammer, nördlich von München gelegen

Sternekoch seit 2010 an Bord

> **Wer sind die Kunden auf Schloss Hohenkammer?**
> Kunden waren bisher alle deutschen DAX-Unternehmen, viele Automobilfirmen (BMW, Audi, Mercedes, etc.), Boston Consulting Group, Bosch Siemens Hausgeräte, Media Saturn Holding, Sport Scheck, etc. – „Eine sehr bunte Mischung", sagte Geschäftsführer Martin Kirsch, der seit Mai 2013 an Bord ist.

Im angeschlossenen Gourmet-Restaurant „Camers" befand sich früher eine Brauerei, das Brauereirecht wurde allerdings verkauft. Das Restaurant ist auch für Tagesgäste geöffnet.
Nach der Fremdregie durch das Unternehmen Käfer ist nun die Umstellung auf Eigenregie in vollem Gange. Als Küchenchef wurde 2010 Fritz Schilling angeworben, der zuletzt fünf Jahre lang in Hamburg gearbeitet hat („Die Bank", Brasserie, Bar & Restaurant nähe Jungfernstieg) und in seiner Karriere seit 1971 in drei Restaurants mindestens einen bis zwei Michelin-Sterne erkochte. Hier kann der 64-Jährige nun die Themen Gourmet und Bio verbinden.

Biofleisch aus eigener Aufzucht

Geschäftsführer Martin Kirsch erläutert: „Seit 1992 gehört der von Naturland biozertifizierte Gutshof zum Tagungshaus. Hier werden 25 schwarze Deutsch-Angusrinder, Mangalica-Schweine, das ungarische Wollschwein, das Schwäbisch-Hällische Landschwein sowie Hühnersorten wie Bresse oder La Bleu aufgezogen." Die Hühner haben sogar einen eigenen Tunnel, um unversehrt zum Feld auf der anderen Seite einer Straße zu gelangen. „Angeblich ist dieser Tunnel der einzige in Europa, aber ich bin nicht wirklich sicher, wer diese Liste führt", sagte Kirsch verschmitzt. „Auch das Getreide erzeugen wir selbst und sind damit sogar der größte Biogetreideerzeuger Südbayerns."

In der Alten Galerie treffen sich die Teilnehmer gerne nach den Tagungen

Schon seit 1992 gehört ein von Naturland biozertifizierter Gutshof zum Tagungshaus. Hier werden schwarze Deutsch-Angusrinder gezüchtet (Foto)

Essig und Öl selbst gemacht

Auf dem Gut werden nicht nur 30 Gemüse- und Fruchtsorten angebaut, die eigene Erzeugung von Nahrungsmitteln geht ins Detail: Sechs Essigsorten (wie beispielsweise Quittenessig) und Honig werden hier hergestellt. Aus den Kernen von ebenfalls selbst angebauten Steirischen Ölkürbissen wird ein hochwertiges Speiseöl gewonnen. Das produzierte Obst liefert neben der Verarbeitung in den Restaurantküchen teilweise auch den „Rohstoff" für die 26 Obstbrände von Schloss Hohenkammer (Gesamtproduktion gut 2000 Flaschen im Jahr), die vielfach prämiert sind. Das Wild (Rehe, Hirsche, Wildschweine) wird in den drei eigenen Jagdrevieren geschossen.

Biogas und Hackschnitzel

Die gutseigene Biogasanlage produziert die Wärme für das über eine 2,5 km lange Fernwärmeleitung angeschlossene Schlossareal mit all seinen Einrichtungen auf knapp 25.000 qm. Das Methangas wird aus einem auf der Brachfläche angebauten Klee-Lupinen-Gras-Gemisch sowie aus Mist und Gülle der Tierhaltung gewonnen. Bei erhöhtem Wärmebedarf wird eine Hackschnitzelheizung zugeschaltet. Der zusätzlich erzeugte Strom wird gewinnbringend ins öffentliche Netz eingespeist.

Das Tagungshaus hat schon längst weitere Geschäftsfelder, wie Hochzeiten, entdeckt und professionell ausgebaut (hier ein Blick ins Casino)

Jährlich 27.000 Übernachtungen

Pro Jahr kommen rund 27.000 Übernachtungsgäste und weitere rund 10.000 Tagesgäste auf die Anlage. Der Seminar- und Tagungsbetrieb mit Hotel bildet das Kerngeschäft der Schloss Hohenkammer GmbH. Im Schloss, im Gutshof und in der unweit des Schlossareals gelegenen Baroness-Villa stehen insgesamt 33 Tagungs-, Seminar- und Meeting-Räume in unterschiedlicher Größe zur Verfügung. Die Tagungspauschale ohne Übernachtung und Abendessen kostet zwischen 72 und 89 Euro. In den Räumen im Schloss wurde die moderne Technik so raffiniert und versteckt eingebaut, dass das historische Ambiente nicht gestört wird. Ein Beispiel sind die leichten, zum Deckenstuck passenden Erhebungen in den Wänden: Jeder würde sie für die Originalgestaltung halten, tatsächlich aber verbirgt sich dahinter eine moderne Wandflächenheizung bzw. -kühlung.

Kursteilnehmer im Seminarzentrum

Feste sorgen für Auslastung

Da Tagungshäuser an Wochenenden bekanntlich eher nicht so gut ausgelastet sind, tragen Hochzeiten, Firmen- und Familienfeiern inzwischen zu einem ordentlichen Umsatzwachstum bei. „Ein wichtiger Punkt: Feiern! Für jeden Anlass stehen die geeigneten Räumlichkeiten für bis zu 350 Personen zur Verfügung“, so Hotelleiter Alexander Wesely. Die Bandbreite ist groß:

- Hochzeiten
- Geburtstags- und Familienfeiern (Taufe, Kommunion, Firmung, Konfirmation, Ehejubiläum etc.)
- Firmenevents
- Abschlussbälle und -feiern von Schulen
- Klassentreffen
- Vereinsfestivitäten
- Oldtimertreffen.

„Wir haben im Prinzip von Mai bis Ende September jeden Samstag hier eine Hochzeit, die Wartezeit für die beliebten Sommertermine gerade aktuell anderthalb Jahre“, so Alexander Wesely. Praktischer Nebeneffekt: „Bei Hochzeiten sehen manche Gäste, beispielsweise ein Vorstandsmitglied eines Unternehmens, dass man hier auch gut tagen kann. Und wenn unsere Köche bei einer Hochzeit kochen, dann ist das nicht unbedingt die schlechtestes Visitenkarte für eine zukünftige Tagung“, sagt Weseley lachend. Doch auch umgekehrt ist es schon passiert, dass sich Tagungsteilnehmer das Schloss Hohenkammer ein paar Jahre später als Hochzeitsort bestimmt haben.

Pause im Innenhof des Schlosses

Dekorative Stühle im Besprechungsraum

Neues Musikfestival

„In dieses Schloss gehört einfach Musik", sagte Geschäftsführer Martin Kirsch. Und so gab es 2013 zum ersten Mal ein Sommerfestival in Zusammenarbeit mit der Bayerischen Philharmonie (www.schlosshohenkammer.de). Anfang August 2013 gab es rund um das Schloss eine Woche lang Symphoniekonzerte und sogar kostenlose Picknickkonzerte für Besucher. Bis zu 2.000 Gäste können dann bei einem Open-Air-Konzert auf der Schlossanlage Platz finden. Ein eigens von Fritz Schilling kreiertes viergängiges Festival-Menü lädt die Konzertbesucher auch zum längeren Verweilen ein. Fritz Schilling, der zuvor jahrelang Chefkoch der berühmten Käfer-Schänke in München war, hatte unter anderem folgende Gänge für die klassikinteressierten Sommergäste kreiert:

- Salat von Orangenkarotten mit Estragon, ausgelöste Flusskrebse und Safran-Croutons
- Rosa braisierte Eichethof-Gockelbrust mit Steinpilz-Lachsknödelfüllung und Gartenmelde
- Karamellisierte Trauben mit Aprikosenröster und Buttermilcheis.

Und sicherlich haben auch einige Konzertgäste übernachtet, ist der August ja nicht gerade bekannt als Zeitraum für Tagungen, da sich erfahrungsgemäß die Termine eher im Frühjahr und Herbst drängen. Die Zimmerpreise liegen bei 105 Euro für das Einzelzimmer und 190 Euro für das Doppelzimmer.

Martin Kirsch ist seit Mai 2013 Geschäftsführer von Schloss Hohenkammer

Ausbildung auf Schloss Hohenkammer

Pro Lehrjahr dürfen acht bis zwölf neue Auszubildende starten. Die meisten haben eine Lehrzeit von 2,5 Jahren. Folgende Berufsbilder stehen zur Auswahl:
Hotelfachmann/frau (3-4)
Restaurantfachmann/frau (2-3)
Koch/Köchin (2-3)
Veranstaltungskaufmann/frau (1-2)
Hotelkaufmann/frau (in Planung)

Katharina Bauer ist Hauswirtschaftliche Betriebsleiterin und arbeitet seit Januar 2012 als Hausdame im Hotel Schloss Hohenkammer. Hauswirtschafter/innen sind herzlich willkommen.

Kooperation mit Zimmerportalen

Der Neubau des 2009 eröffneten Tagungshotels mit 163 Zimmern und kleinem Wellness-Bereich wurde 2013 erweitert. Seit Juli 2013 werden Zimmerkontingente, die noch nicht durch Tagungsgäste belegt sind, zusätzlich über das Reservierungsportal HRS (Hotel Reservation Service) angeboten. „Wir richten uns damit an Geschäftskunden, die sich im Raum Ingolstadt oder München aufhalten und die Ruhe genießen möchten", so Alexander Wesely. Die Zusammenarbeit entstand bei einem Gespräch mit HRS auf der Messe HOGA Anfang 2013 in Nürnberg. Dass das Modell funktionieren kann, beweist auch das Tagungszentrum Hohenheim in Stuttgart mit HWL Anne Göbbels.
„Wir müssen uns dann natürlich etwas anpassen", weiß Alexander Wesely, „und beispielsweise das Frühstück auch früher anbieten als für die Tagungsgäste, doch das kenne ich schon von meinen Stationen in einigen Best Western Hotels, die ich zuvor geleitet habe. Da wäre einigen Gästen das Frühstück sogar um 5.30 Uhr am liebsten gewesen, weil sie noch einen Messestand aufzubauen hatten. Wir sind gespannt auf die Entwicklung."

Bald Elektroauto-Tankstelle?

Von der Unternehmensberatung M+P Consulting lässt Schloss Hohenkammer gerade die Fahrtenbücher checken und will damit zukünftig den Fuhrpark anpassen. Ziel ist es, einen Teil der Flotte auf Elektroautos umzurüsten, was sich insbesondere bei kurzen Fahrten (wie zum vier Kilometer entfernten S-Bahnhof Petershausen) anbietet.
Bei einer Presse-Präsentation Ende Juni 2013 tankten bereits einige Elektroautos an der Steckdose im Innenhof des Schlosses. Wer weiß, vielleicht wird Schloss Hohenkammer ja auch mal eine offizielle Tankstelle für Elektroautos? Da das Aufladen selbst bei modernsten Akkus mindestens eine halbe Stunde dauert, ist sicherlich Zeit für einen Restaurantbesuch oder gar eine Übernachtung. In einem Tagungshaus, das bereits vor über 20 Jahren auf Bio umgestellt hat, scheint nichts unmöglich.

Praxistipps

1. Hier werden sechs Essigsorten (wie beispielsweise Quittenessig) und Honig selbst hergestellt.
2. Da Tagungshäuser an Wochenenden bekanntlich eher nicht so gut ausgelastet sind, tragen Hochzeiten, Firmen- und Familienfeiern inzwischen zu einem ordentlichen Umsatzwachstum bei.
3. 2013 gab es zum ersten Mal ein Sommerfestival, um Musik in dieses Schloss zu holen.

Sommer in Orange

Als Kurt Höller 2004 die Bewirtschaftung des Strandbades im oberbayerischen Murnau am Staffelsee übernommen hat und sich damals gegen 20 andere Pächter durchsetzte, begann die „Lido"-Erfolgsgeschichte. Seine Devise: „Immer ein bisschen mehr ans Detail denken." Durch Trendreisen nach London, Helsinki oder nach Zürich entwickelte der Quereinsteiger sein orangefarbenes Konzept immer weiter.

Normalerweise denkt man beim Besuch eines Freibades ja eher an Pommes, Würstchen, abgepacktes Eis und erwartet nicht unbedingt kulinarische Höhepunkte. Doch das sollte sich – zumindest in Murnau – ab 2004 ändern.
Kurt Höller hat Groß- und Außenhandelskaufmann gelernt und wollte nach zwölf Jahren im Außendienst für ein Türbeschläge-Unternehmen etwas Neues anfangen. Schon als 15-Jähriger jobbte er an der Bar und als Kellner in Murnau, seine Mutter ist gelernte Köchin, seine Oma war einige Zeit gar die älteste Bedienung auf dem Münchner Oktoberfest. Etwas gastronomisches Blut steckte also schon immer in Kurt Höllers Adern …
2004 las er im Murnauer Tagblatt, dass für das 5.000 Quadratmeter große Freibad und dessen Gastronomie ein neuer Pächter gesucht werde. Zusammen mit seinem Bruder Christian Höller, der als Disponent bei einer großen Brauerei arbeitete, bewarb er sich neben 20 anderen Pächtern. Und es klappte: Sein Businessplan überzeugte diejenigen, die in der Gemeinde das Sagen haben.

Das Team von KURTIS eventgastronomie unter anderem mit Veranstaltungsleiter André Uhlemann (links), Kurt Höller (Mitte) und Bruder Christian Höller (rechts)

Ein warmes Orange wie ein Sonnenuntergang ist Höllers Lieblingsfarbe und prägt konsequent das Markenimage und den Wiedererkennungseffekt

2005 wollte er den Vertrag zurückgeben

Das Freibad mit seinem 1950er-Jahre-Betoneingang sah 2004 sehr heruntergekommen aus. An jeder Ecke war Müll zu finden, beschreibt Höller den damaligen Zustand. „Man kann nicht gerade sagen, dass der Start einfach war; wir hatten rund 100.000 Euro investiert und 2004, 2005 und 2006 so richtig verregnete Sommer“, erinnert sich Höller. Schon 2005 wollte er den Pachtvertrag zurückgeben, nicht nur wegen des Regens, sondern auch weil es beim Personal erhebliche Probleme in puncto Verlässlichkeit gab. Doch als er sah, wer sich für „sein“ Objekt mit welch schlechten Ideen beworben hatte, wurde er wieder angestachelt und entschied: „Ich mache weiter!“ Höller, der regelmäßig joggt und im See schwimmt, um sich fit zu halten, nahm die Herausforderung ein zweites Mal an. Rückblickend sagt er heute: „Ausdauer ist wichtig. Ob ein Konzept funktioniert, das weiß man in der Gastronomie oft erst nach fünf Jahren.“

Orange? Eine Kreuzfahrt-Idee!

Höller erinnerte sich an die ganz besonderen orangefarbenen Stühle, die er bei einer Kreuzfahrt auf der „AIDAaura“ im März 2003 gesehen hatte. Durch hartnäckiges Nachfragen beim Ausstatterbüro des Kreuzfahrtschiffes erhielt er schließlich die Adresse des italienischen Designers und Lieferanten für die Stühle. „Und rund um diese orangefarbenen Stühle habe ich dann das ganze Lido-Farbkonzept aufgebaut.“

Und heute? Ob Trinkhalme, Fackelstäbe, Schirme, Babysitze, Stühle, ja selbst die riesige Kaffeemaschine von LaCimbali an der Bar und die Brille von Kurt Höller – im Lido ist vieles in Orange gehalten. Farblich ist es durchaus passend zum Sonnenuntergang am Staffelsee, wo das Strandbad von Mai bis Mitte September vier Monate betrieben wird. Bis zu 500 Gäste baden im Sommer täglich, hinzu kommen noch Besucher des Terrassenrestaurants und des 55 Plätze fassenden Wintergartens Lido (www.lido-murnau.de).

„Wenn mir dann die Gäste sagen, ‚Neulich war ich im Urlaub in Spanien, da sah es aus wie bei Kurt‘, dann habe ich mein Ziel erreicht – Wiedererkennung über Farben.“

Karibik-Flair in Oberbayern – die Idee mit dem Strohschirmen hat Höller in der Schweiz kennengelernt und importiert

Kleine Kreideschilder begrüßen die Gäste insbesondere bei Feiern und Jubiläen

Die Stühle auf der Terrasse gleichen denen auf Kreuzfahrtschiffen – ein weiteres kleines Detail

„Trendreisen müssen sein!“

Um sich mit anderen Gastronomen zu vernetzen und Trends kennenzulernen, nahm Höller beispielsweise an einer Trendreise nach London mit dem Gastroberater Pierre Nierhaus teil, wo die Teilnehmer unter anderem eines der Lokale von Jamie Oliver besuchten. „Hier habe ich gelernt, dass es nicht darum geht, bis ins Detail perfekt zu sein, sondern auch mal anstelle eines Teelichts einen Kerzenhumpen auf einem Glasteller auf den Tisch zu stellen, das Licht ist viel schöner“, so Höller. Außerdem war er überrascht, dass in London Kräutertöpfe statt Blumenschmuck auf den Tischen standen.

Orangefarbene Gartenmöbel mit individueller Tischdeko – es sind die Kleinigkeiten, die das Besondere ausmachen

Auch ein Frühstücksbuffet wird in dem Freibad sonntags von 9.00 bis 13.00 Uhr angeboten

Currywurst kann (nicht) jeder

Eine kleine Erinnerung an den Londoner Ausflug ist bis heute bei seiner Currywurst zu finden. Rechts in der Ecke des geschwungenen weißen Tellers befindet sich nämlich ein Esslöffel voll grob gehackter Blattpetersilie, die der Gast über die Wurst streuen kann – sofern er das mag. Die Currywurst ist inzwischen das Aushängeschild des Lido geworden und wurde immer weiter verfeinert: mit einer selbst gekochten Soße, in die Gemüsestücke, Zucker und geheime Zutaten gerührt werden. In jeder Wurst nach Thüringer Art segelt dann noch eine frische rote Chili-Schote am Zahnstocher mit, die dabei hilft, dass sich jeder Gast seinen individuellen Wunsch nach Schärfe erfüllen kann. Immerhin 50 Prozent der höllisch scharfen Schoten werden tatsächlich ganz oder teilweise von den Gästen verspeist, hat Höller beobachtet. „Es geht bei uns gar nicht so sehr um die Schärfe, das kann ja jeder, sondern um den Geschmack“, so Höller, der jedem Currywurstgericht eigene Namen gegeben hat, wie zum Beispiel „Onion Jack“ wegen der Zwiebeln oder „Madras“ wegen der Herkunft des Currypulvers. Zusammen mit der auf der Karte abgedruckten Geschichte zur Entdeckung der Currywurst in Hamburg und Berlin hebt sich die Lido-Wurst schnell von der Standard-Wurst ab. Nach Höllers Angaben habe sich der Verkauf der Currywurst seit dem Verfeinern und der Markenbildung „Kurti & Curry“ im Jahr 2009 verfünffacht.

Die riesige LaCimbali-Kaffeemaschine ist eine Sonderanfertigung - natürlich in Orange

Das Freibad als Gastro-Chance

Auch in Helsinki war Kurt Höller Anfang September 2013 zusammen mit seiner Küchenchefin Sabine Schwinges zur Gastroexpedition – und mit der Gastro-Vereinigung Leaders Club International am Zürichsee. „Dort habe ich den Schweizer Kollegen geschildert, dass ich ein Restaurant und ein Freibad betreibe“, erzählt Höller. „Die Leute haben durch die Bank aufs Zweite reagiert. ´Wie bitte, ein Freibad? An einem oberbayerischen See in der Nähe von München? Ist dir bewusst, was das für ein Schatz ist?´ Und ich muss sagen, erst dadurch gingen mir die Augen auf und ich habe mich noch stärker darauf konzentriert, wie man nicht nur die Gastronomie, sondern auch das Freibad aufwerten kann.“

Die richtige Fragetechnik hilft

So wurden orangefarbene Fackeln angeschafft, neue Sitzgelegenheiten und eine Cocktailbar direkt am Seeufer (natürlich mit orangefarbenen Glaselementen) aufgebaut. Außerdem stehen seit dem Arbeitsbesuch am Zürichsee nun auch Strohschirme auf dem Badesteg und die Lichtkulisse wurde mit neuen Strahlern angepasst. „Ein bisschen inspirieren und kopieren ist ja erlaubt“, so Höller lächelnd. Als ehemaliger Außendienstler kann er auf Verkaufstechniken zurückgreifen, die er früher mal gelernt hat. So wirkt es sehr viel einladender, wenn der Kellner den Gast nicht nur fragt, ob er noch einen Espresso wolle, sondern wenn er sich erkundigt, ob man ihm einen frischen Espresso Macchiato aus der LaCimbali-Maschine bringen dürfe. Höller sei aufgefallen, dass viele Kellner sich nicht trauen, Produkte näher zu erläutern, doch darüber lasse sich schnell eine Bestellung generieren. Es müsse aber zum Charakter der Bedienung passen, sonst wirke es schnell aufdringlich.

Höller hat das Freibad und sein Restaurant längst als Zusammenhang begriffen – mittels 20 Pagern können die Gäste auch bestellen und sich ihr Essen dann frisch abholen

Lichtkonzept mit indirekten Strahlern – ebenfalls in Orange

Bloß keine Standards

Mit seiner „Kurtis event gastronomie“ richtet Höller inzwischen auch Tagungen, Hochzeiten und Geburtstage für bis zu 100 Personen im 72 Quadratmeter großen Partyzelt aus. „Das gemietete Partyzelt bietet mir einfach Sicherheit wegen des Wetters, da im Wintergarten nur 55 Personen Platz finden. Wenn dieser bei Regen oder wegen einer Feier voll ist, dann müsste ich die anderen Gäste sonst ja nach Hause schicken. So können wir an einem Samstag auch zwei Feiern gleichzeitig ausrichten.“ Dass bei einer Hochzeit dann noch bis zu 500 Gäste als Zeugen drumherum im Freibad baden, sei kein Problem, so Höller, der selbst bei edlen Hochzeiten in weißer Caprihose beim Servieren mithilft und darin ein bisschen wie ein Yachtkapitän anmutet. Denn je steifer die Kleidung, desto steifer auch das Verhalten des Trägers, hat er bei einem Kurs von Hotelbesitzer Klaus Kobjoll (Schindlerhof Nürnberg) gelernt.

Verständlich bei diesem Anblick, dass sich zunehmend auch Tagungsgäste und Hochzeitsgesellschaften für das Strandbad interessieren. Und ist der See zugefroren, kann Höller auf Wunsch auch ein Winter-Barbecue organisieren.

Hat erkannt, dass es gut ist, „aus der Reihe zu tanzen" - Kurt Höller. Er sagt: „Wenn Sie bei jeder Sache nur fünf Prozent besser sind als der Durchschnitt, merken das Ihre Gäste und kommen runter vom Alltag, das ist mein Ziel."

Ohnehin hat Höller beobachtet, dass die Hochzeiten immer individueller und lässiger werden – bei allerdings weiterhin hohem Anspruch an die Speisen. Wenn ihn mal wieder Anfragen von planenden Hochzeitspaaren per Sammel-E-Mail erreichen, bietet er immer das persönliche Kennenlern-Gespräch an und verschickt nie eine Standardkarte. „Denn wer will schon eine Standardhochzeit", so Höller.

Test als „Geburtstagsgast"

Für ihn und sein zehnköpfiges Team plus zwölf Saisonkräfte ist es auch selbstverständlich, bei einer Gruppenreservierung ab sechs Personen am Telefon zu fragen, ob es denn etwas zu feiern gäbe. Falls ja, stellt der Veranstaltungsleiter André Uhlemann ein persönliches Kreidetäfelchen auf den Tisch mit einem passenden Gruß zur Silberhochzeit, Geburtstag, Taufe, Jubiläum oder welchem Anlass auch immer.

„Wissen Sie, ich mache ja auch Selbstversuche in der Gastronomie und reserviere in Restaurants durchaus mehrmals im Jahr offiziell als Geburtstagsgast. Es ist immer wieder erschreckend, dass selbst der Kellner an meinem vorab angekündigten Geburtstag nicht weiß, aus welchem Grund ich eigentlich hier sitze. Da weiß ich genau: Das soll meinen Gästen bitte nicht passieren."

Im Winter gibt es Wurst im Thermobecher

Inzwischen hat er auch Ideen entwickelt, wie man die Wintermonate gut überstehen kann, in denen das Freibad bekanntlich geschlossen ist. Zwei Glühweinhütten stehen im Winter vor dem Rathaus in Murnau und auch in Weilheim. Es gibt natürlich auch etwas zu essen: Kurt Höller hat auf dem Murnauer Weihnachtsmarkt im Winter 2013 erstmals seine Currywurst im Thermobecher angeboten. Die Wurst gibt es inzwischen auf sechs „Höllischen Flohmärkten" in Murnau, die Höller ebenfalls organisiert. Denn Flohmarkt ist gleich Wursthunger, weiß der umtriebige Geschäftsmann.

Praxistipps

1. Besonders ist die Wiedererkennung über Farben – die Idee kam bei einer Kreuzfahrt auf der „AIDAaura" 2003 durch die ganz besonderen orangefarbenen Stühle.
2. Anstelle eines Teelichts wird ein Kerzenhumpen auf einem Glasteller auf den Tisch gestellt – das Licht ist so viel schöner.
3. Hier trauen sich die Kellner, Produkte näher zu erläutern. Dadurch lässt sich schnell eine Bestellung generieren.

Events im 500 Jahre alten Bauernhof

In Geitau, fast im hintersten Winkel von Oberbayern, steht ein historischer Bauernhof, in dem Frank Hasenöhrl zusammen mit seiner Frau Bärbl, die das Hauswirtschafts-Know-how mitbringt, Firmen-Events organisiert und Feste ausrichtet.

Bärbl Hasenöhrl unterrichtete als Lehrerin fünf Jahre das Fach Hauswirtschaft. Für sie ist der Hof auch eine Chance zur Wissensvermittlung in Sachen gesunder Ernährung.

Satte grüne Wiesen, grasende Kühe mit Glocken, und über diesem Panorama thront der Berggipfel des 1838 Meter hohen Wendelsteins: Vier Jahre lang haben der 45-jährige Unternehmer Frank Hasenöhrl und seine Frau Bärbl im Raum Miesbach, Spitzingsee und Bayrischzell nach solch einem Ort für ihren Plan gesucht und 1999 einen historischen Bauernhof in Geitau bei Bayrischzell gefunden. Die lange Suche hat sich gelohnt. In dem fast 500 Jahre alten Kleinod mit Platz für bis zu 700 Personen sollten nach Vorstellungen der Hasenöhrls nun Events stattfinden, nachdem die Agentur bereits seit Jahren erfolgreich viele Arten von Aktivitäten angeboten hat, jedoch ohne festen Standort für Feiern. Die dreifache Mutter hat zusammen mit ihrem Mann Frank („Hoppl") und Handwerkern zwei Jahre lang behutsam den Hof restaurieren lassen. 2001 wurde zunächst der Stadl in Angriff genommen, heute ein Veranstaltungsort für bis zu 350 Gäste. Es folgten die sieben Bauernstuben inklusive einer Show-Küche mit Kamin. 2010 wurde dann auch der ehemalige Kuhstall für Feste mit bis zu 80 Personen eröffnet. Selbst auf den Toiletten im Erdgeschoss wurde an Details gedacht, beispielsweise an echtes Kerzenlicht, originalgetreue Holztüren ohne Türklinke oder eine Kollektion von alten Dampfbügeleisen, die auf der Fensterbank zwischen Blumenschmuck stehen. Der ehemalige Goaßnstall (hochdeutsch: Ziegenstall) dient heute als Raum für Sektempfänge und bildet den Übergang von den Stuben zum großen Kuhstall, in dem abends ein Kamin lodert.

Erfahrung als Hauswirtschaftslehrerin

Bärbl Hasenöhrl ist wichtiger Teil des Gastro-Teams und hat an der LMU München Lehramt Hauptschule studiert. Als Schwerpunktfach hat sie damals Hauswirtschaft gewählt, wozu sie wiederum an der TU München Weihenstephan das Vordiplom im Fach Ökotrophologie zu schreiben hatte. Nach Abschluss des ersten Staatsexamens arbeitete sie fünf Jahre lang als Hauptschullehrerin in Wasserburg mit dem Hauptunterrichtsfach Hauswirtschaft. Während dieser Zeit absolvierte sie auch ihr zweites Staatsexamen.

Im erst 2010 eröffneten ehemaligen Kuhstall können bis zu 80 Gäste feiern

Dieses hauswirtschaftliche Know-how kann sie jetzt gut gebrauchen, auch wenn die junge Unternehmerin zu Beginn noch einiges an Erfahrung sammeln musste: „Ich erinnere mich noch an die erste Hochzeit, die wir voller Vorfreude ausrichteten – wir hatten einen wunderschönen, geölten Eichenboden, doch auf diesen wurden von den Gästen rote Rosenblätter gestreut und dann darauf stundenlang getanzt. Diese Flecken gingen nicht mehr raus, der ganze Boden musste neu abgeschliffen werden, da war ich echt den Tränen nahe ..."

Der Nagel bleibt in der Wand

Der Denkmal- und Brandschutz spielt bei einem Bauernhof aus dem Jahre 1516 eine große Rolle. So dürfen beispielsweise keine offenen Flammen im Stadl angezündet werden. Die rußgeschwärzten Spuren der Kerzen und des Kamins an den getünchten Wänden im Untergeschoss hingegen belässt Barbl Hasenohrl so, wie sie sind: „Ich finde, diese Hinterlassenschaften gehören zu einem Bauernhof in diesem Alter dazu." Auch wenn sich ein alter Nagel noch in der Wand befindet, bleibt er dort stecken.
Viele Gedanken hat sich die Hauswirtschaftslehrerin allein schon um die Sonnenschirme auf der Wiese mit Blick zum Wendelstein gemacht.
„Es war gar nicht so leicht, feste Schirmständer zu finden, die nicht aus Kunststoff bestehen oder mit einem Fundament in der Wiese verankert werden müssen. Am Ende haben wir uns für echte Steinbrocken entschieden, in die wir dann Löcher für die Schirme gefräst haben – so behält alles seine natürliche Anmutung."

Die Pfefferminze für den Cocktail Hugo wird selbst im Hochbeet angepflanzt

In der alten Küche mit Holzofen und Kupferkesseln finden heute Koch-Events statt

Da der Hasenöhrl-Hof eine reine Event-Location und kein klassischer Gasthof ist, können die Gäste bei Festen alles einzeln buchen: von der Raumauswahl bis hin zur Serviettenart, Blumenschmuck, Sitzkissen, Außenfackeln oder Kerzen. Zwei Räume für Kinder (sogar mit einem Ausruh-Bett für alle Fälle) im Obergeschoss und im Erdgeschoss mit Malutensilien sollen dafür sorgen, dass auch die kleinen Gäste sich wohlfühlen.

Draußen Kupferkessel, drinnen Heißluftdämpfer

Natürlich kann auch bei noch so großer Liebe zum traditionellen Kochen auf neue Technik nicht verzichtet werden, spätestens wenn es um Personenzahlen geht, die bei Hochzeiten oder Familienfeiern üblich sind. In der ursprünglichen Bauernhof-Show-Küche mit Sitzecke blitzen die Kupferkessel, es warten die Holzscheite darauf, knisternd verfeuert zu werden.
Doch die Produktionsküche im Erdgeschoss ist mit den neuesten Heißluftdämpfern, Hold-o-maten inklusive Kerntemperatursteuerung und anderen modernen Küchenhilfen ausgestattet. Die Zielrichtung dabei ist eine frische, vitamin- und nährstoffschonende Zubereitung von Gerichten. Ein Beispiel hierfür ist die Minestrone, gekocht ganz ohne Convenience-Produkte. Hierzu werden Lauchzwiebeln karamellisiert, diese mit Sherry und rosa Pfeffer abgeschmeckt und das Gemüse dann erst am Ende hinzugefügt, damit alles bissfest bleibt.

Innovativ: Die Sonnenschirme stehen in ausgefrästen Natursteinen

Neues Getränkekonzept mit Tonkrügen

Zwischenzeitlich wurde das Getränkekonzept umgestellt, nicht zuletzt, um noch stärker wegzukommen von vorgefertigten Lebensmitteln. Es gibt jetzt beispielsweise keine Apfelschorle aus der Schraubflasche mehr, die erst viele Kilometer per LKW transportiert werden muss. Die zum Teil selbstgekelterten Säfte aus der Umgebung werden nun direkt in Tonkrügen ausgeschenkt, sei es in den Geschmacksrichtungen Apfel oder Holunder. Cola und Spezi gibt es im Hasenöhrl nur auf ausdrücklichen Wunsch. Bierflaschen ruhen bei Events in den mit kühlem Wasser gefüllten, gewaltigen Steintrögen, aus denen vor vielen Jahrzehnten noch die Tiere getränkt wurden. Die Gäste bedienen sich dann direkt selbst aus dem Trog. Frische Kräuter wie die Pfefferminze für das derzeitige In-Getränk „Hugo“ (Prosecco, Soda, Holundersirup, Minze) werden in einem Hochbeet auf der insgesamt fast 1.000 Quadratmeter großen Wiese vor dem Hof selbst gezogen.

„Bei mir dürfen die Gäste auch abwaschen“

Bärbl Hasenöhrl liegen als früherer Hauswirtschaftslehrerin besonders die Kochkurse am Herzen, die von einem Gastkoch durchgeführt werden. In der Regel handelt es sich um kleine Gruppen, die ein Fünf-Gänge-Menü zubereiten. Für den Ofen wird Holz gehackt, es wird geschnibbelt, gewürzt und abgeschmeckt, philosophiert und ausprobiert, anschließend werden die Tische dekoriert. In der alten Bauernhof-Küche sieht es dann aus wie in einem tschechischen Märchenfilm. „Mir geht es auch darum, wieder das Wissen um die Zubereitung zu

Das Service- und Küchen-Team bei einer Veranstaltung im Hasenöhrl

vermitteln. Und dazu gehört am Ende auch das Abwaschen – zumindest wenn die Gäste einverstanden sind", so Bärbl Hasenöhrl. Und das sei öfter der Fall, als man glaubt. Suppen werden im Hasenöhrl grundsätzlich von den Servicekräften direkt aus kleinen Kupferkesseln an den Tischen serviert. Das sieht nicht nur schöner aus, sondern hat auch einen handfesten Grund: „Wenn Sie einmal erlebt haben, wie der Inhalt eines Tellers Tomatensuppe aus der Hand eines Gastes aus Versehen auf dem weißen Kleid der Braut gelandet ist, dann wissen Sie, dass es besser ist, wenn am Tisch geschöpft wird", sagt die Gastrohomin mit ihrer inzwischen über zehnjährigen Erfahrung rund ums Catering.

Mountainbike-Meeting oder Airbording?

Direkt neben dem Hof befindet sich ein großer Klettergarten, und hier spürt der Besucher, dass die zweite Leidenschaft der Unternehmer-Familie Outdoor-Aktivitäten sind. Denn schon zehn Jahre bevor es den Hof gab, hat das Hasenöhrl-Team vom Firmensitz in Thalham aus vor allem Firmenevents, verbunden mit Outdoor-Aktivitäten, angeboten. Und das heißt nicht (nur) Wandern oder Klettern, sondern dazu gehören auch ungewöhnliche Dinge wie Floßbau, GPS-Schnitzeljagd, Elektrobootrallye, Airbording (Schneerutschen mit einem aufblasbaren Schlitten), Mountainbike-Meetings sowie ein Pferde- oder gar Hundeschlitten-Workshop. Infoadresse: www.hasenoehrl.de

Indisch bis rockig: Hochzeiten so individuell wie möglich

Insgesamt arbeiten für das Unternehmen Hasenöhrl 18 festangestellte Mitarbeiter, darunter in der Küche eine Hauswirtschaftsmeisterin und eine Diätassistentin. Mit dabei ist auch Marion Glocksberger, die als Hochzeitsplanerin ausschließlich für die jährlich rund 45 Hochzeiten im Hasenöhrl-Hof zuständig ist. Sie ist überrascht, dass Hochzeiten in letzter Zeit immer früher geplant werden, weit über ein Jahr vorher sei inzwischen üblich, viele beliebte Sommertermine sind schnell ausgebucht.

Egal ob Rockerhochzeit, zu der alle Gäste mit ihren eigenen Kleinbussen anreisen oder auch eine indisch-bayerische Hochzeit mit entsprechend exotisch-bodenständigem Büffet – da alle Bausteine des Abends einzeln gebucht werden können, gibt es viel mehr Möglichkeiten als bei den üblichen „Standardpaketen“, die von vielen Hotels für Hochzeiten zum Pauschalpreis angeboten werden. Um der hohen Individualität Rechnung zu tragen, die eine Hochzeitsfeier naturgemäß beinhaltet, wurde ein eigenes Hochzeitsteam unter dem Motto „Feste (&) Feiern“ geschaffen.

„Die Leitung für diese ‚Hochzeits-Task-Force' übertragen zu bekommen, stellt für mich den absoluten Traumberuf dar. Wir versuchen zu erreichen, dass das Brautpaar Gast auf der eigenen Hochzeit ist“, sagt Betriebswirtin (FH) Tina Jerkan, die seit diesem Sommer alle Privatfeiern zusammen mit ihrer Kollegin Petra Jüttner direkt vor Ort betreut.

Da sich die Beamten in den Standesämtern der Umgebung Schliersee und Bayrischzell bei den Trauterminen – auch am Samstag – oftmals zeitlich flexibler zeigen als in Großstädten, feiern auch immer mehr Gäste aus München im Hasenöhrl.

Das freut nicht nur die angrenzenden Hoteliers (im Hasenöhrl kann nicht übernachtet werden), sondern spült auch Steuern in die Gemeindekasse. Andere Gemeinden, wie beispielsweise Tegernsee, haben schon den Hochzeitstourismus für sich entdeckt und forcieren das Ganze mit entsprechendem Internetauftritt. Soweit ist es in der rund 1.600 Einwohner zählenden Gemeinde Bayrischzell mit derzeit 50 bis 60 Hochzeiten pro Jahr noch nicht. Aber das kann ja noch werden.

Praxistipps

1. Die zum Teil selbstgekelterten Säfte aus der Umgebung werden direkt in Tonkrügen ausgeschenkt. Cola und Spezi gibt es im Hasenöhrl nur auf ausdrücklichen Wunsch.
2. Die Gäste bedienen sich direkt aus dem Trog mit gekühlten Getränken.
3. Suppen werden grundsätzlich von den Servicekräften direkt aus kleinen Kupferkesseln an den Tischen serviert.

Die neue Lust aufs Land

Einkaufen auf dem Bauernhof als Erlebnis: Die Hauswirtschaftsleiterin Christina Möller betreibt mit ihrem Mann Arne in Henstedt-Ulzburg einen Hofladen auf 160 Quadratmetern. Von Rindfleisch aus eigener Aufzucht über selbstgemachtes Holunderblütengelee bis zu Dekorativem für Haus und Garten: Die Kunden schätzen das bäuerliche Ambiente genauso wie das damit verbundene Qualitätsversprechen.

Sie heißen „Landlust", „Mein schönes Land", „Liebes Land" oder „LandLeben" und wollen gestressten Großstädtern die schönsten Seiten des Landlebens nahebringen und bestätigen die Menschen, die schon auf dem Land leben. In den letzten Jahren sind die Auflagen von Zeitschriftentiteln rund um Landleben geradezu explodiert und bedienen eine diffuse Sehnsucht nach Natur, ländlichem Leben, Bodenständigkeit und Einfachheit. „Den Trend zur Landlust spüren wir natürlich auch", sagt Christina Möller, die mit dem Sortiment und Ambiente in ihrem Hofladen genau den Zeitgeist trifft.

Die 45-Jährige ist auf dem Land groß geworden, allerdings nicht auf einem Bauernhof, aber ihr großes Ziel war: „Ich wollte immer einen Bauern heiraten und Bäuerin werden." Vorher kam jedoch der Beruf: Sie absolvierte zunächst eine Ausbildung in der ländlichen Hauswirtschaft und besuchte dann zwei Jahre die Landfrauenschule Hademarschen. „Hier war ich der Exot, weil ich nicht aus der Landwirtschaft kam."

Als frischgebackene HWL versuchte sie es dann zunächst in der Großstadt: Bei einem Caterer in Hamburg arbeitete sie ein halbes Jahr in der Großküche. „Doch das war mir auf die Dauer zu einseitig und zu eintönig, ich wollte wieder zurück in die Landwirtschaft." Sie wechselte 1991 zur Landwirtschaftskammer Schleswig-Holstein und war in der ländlichen Erwachsenenbildung tätig. Unter anderem übernahm sie die hauswirtschaftliche Fachpraxis der Azubis im Bereich Hauswirtschaft in Schleswig. „Das war eine tolle Zeit. Der Bezug zur Landwirtschaft war da und es gab viele Veranstaltungen und Vorträge, bei denen ich für die Koch- und Fachpraxis zuständig war."

Hauswirtschafterin Corinna Piening präsentiert das Gemüsesortiment

Schon elf Hauswirtschafter/innen wurden hier ausgebildet

1994 erfüllte sich ihr Traum und sie heiratete einen Landwirt, mit der Geburt ihrer Tochter im nächsten Jahr ging sie dann in Elternzeit. Sie bekam zwei weitere Kinder und 1998 wurde ihrem Mann von dessen Eltern der Hof überschrieben.
Es war ein klassischer Milchvieh-Ackerbaubetrieb mit 60 Kühen und entsprechender Nachzucht sowie Getreide- und Maisanbau. „Wir haben uns dann überlegt, eine kleinen Hofladen zu eröffnen. Dazu haben wir die Rübenkammer mit 25 Quadratmetern umgebaut, plus einer Backküche und einem Kühlhaus." Die Idee war von Anfang an, Rindfleisch direkt zu vermarkten sowie weitere Produkte aus der kreativen Hofküche.
„Im November 2000 kam dann die BSE-Krise und wir wollten im Mai 2001 eröffnen. Das war natürlich ein Rückschlag, aber wir haben uns nicht unterkriegen lassen und den Laden trotzdem aufgemacht. Angefangen haben wir mit drei Tagen in der Woche und einer Klingel in die Küche."
Bereits im selben Jahr hat Christina Möller den ersten hauswirtschaftlichen Azubi eingestellt und bis heute insgesamt elf Azubis ausgebildet. Neben Christina Möller und ihrem Mann Arne sowie ihrer Schwiegermutter als Unterstützung sind im Betrieb zwei Azubis sowie drei 450-Euro-Kräfte beschäftigt.

Hofladen mit Veranstaltungs-Raum

Im Mai 2011 konnten die Möllers bereits das zehnjährige Jubiläum ihres Hofladens feiern. In dieser Zeit hat sich einiges geändert, aber der Hof ist ein klassischer Familienbetrieb geblieben. Heute gibt es keine Milchkühe mehr, sondern nur noch Mutterkühe, deren Fleisch nach der Schlachtung über den Hofladen verkauft wird.
Durch die Aufgabe der Zucht stand der Jungvieh- und Bullenstall leer und damit wurden Kapazitäten frei für den Hofladen, der heute 160 qm Verkaufsfläche umfasst plus Lagerräume, Gewerbeküche sowie Kühl- und Tiefkühlzelle. Hinzu kam außerdem der Hof-Treff, ein 90 qm großer Veranstaltungsraum, der für Feiern, Seminare und Hoffeste genutzt wird.
Das Sortiment des Hofladens wurde ständig erweitert. „Wir haben das ausgebaut und forciert, was wir können, nämlich hauswirtschaftliche Dienstleistungen vermarkten", sagt die HWL.
Neben dem Rindfleisch aus eigener Aufzucht und den eigenen Gänsen sind dies Produkte der kreativen Hofladenküche wie hausgemachte Kuchen und Torten, selbstgemachte Marmeladen und Fruchtaufstriche, Chutneys, Apfelkompott, Plätzchen zu Weihnachten oder auch Einweckgläser mit Fertiggerichten wie Rindergulasch oder Hähnchencurry.
Im Laden angeboten werden außerdem Kartoffeln und Freilandeier, Obst und Gemüse (teilweise auch Bio-Ware), Bio-Milchprodukte und Käse, Wurstwaren, Honig und Säfte, Müsli und Nudeln, Bio-Brot sowie Weine und Liköre.
Hinzu kommen saisonale Angebote wie Stiefmütterchen aus der Marsch, Spargel und Erdbeeren von regionalen Höfen, Früchte aus dem Alten Land, Zier- und Speisekürbisse sowie Tannengrün und Weihnachtsbäume zur Weihnachtszeit.

Impressionen vom Hofladen innen

Erdbeerherzen und Papierlampions

Ein besonderer Hingucker im Hofladen sind einmal die liebevoll zusammengestellten Präsentkörbe mit hofeigenen Produkten sowie die vielen Deko-Ideen für Haus und Garten. Da tummeln sich in einer Ecke dekorative Stofferdbeerherzen und leuchtend- rote Papierlampions zu Schalen mit frischen Erdbeeren, daneben stehen verschiedene Kräuter in weißen Emaille-Übertöpfen sowie Erdbeerwein und -likör. Auf einer anderen Präsentationsfläche gibt Lila den Ton an mit lila Kerzen, Servietten und Tischschmuck sowie frischem Lavendel. Für das Gartenglück gibt es dekorative Vogelhäuschen, Windlichter oder Terrakotta-Pflanzgefäße.

Man merkt, bei der Ladendekoration ist eine Fachfrau am Werk: Eine Mitarbeiterin im Hofladen ist gelernte Floristin, die sich auf Garten- und Deko-Artikel spezialisiert hat. „Wir haben hier unsere Nische gefunden, nämlich Geschenke und Mitbringsel für 20 bis 25 Euro sowie besondere Gartenaccessoires, die man nicht überall bekommt, immer kombiniert mit etwas Selbstgemachtem. Das belebt den Laden und das ist etwas, was uns abhebt von anderen und auszeichnet“, erklärt Christina Möller. Ihr Slogan im Hofladen lautet: Qualität, Kompetenz und Liebe zum täglichen Geschäft. „Alles was wir tun, machen wir mit Herzblut, und das spüren die Kunden auch.“

„Der Azubi trägt Ihnen den Korb zum Auto“

Sie erzählt von einer extrem hohen Wertschätzung der Kunden, die es beispielsweise schätzen, Rindfleisch direkt beim Erzeuger zu kaufen und oft nachfragen, wie die Tiere beispielsweise gefüttert werden. „Wir haben sehr kritische, sehr bewusste Kunden, die gut beraten

Chefin Christina Möller (rechts) zusammen mit ihren Azubis Corinna Piening (Mitte) und Amelie Brakel (links) mit Setzlingen von Sommerblumen, die auf dem Blumenfeld gepflanzt werden (Bild aus dem Jahr 2011)

und bedient werden möchten. Der Azubi trägt hier auch noch den Korb zum Auto. Unsere Dienstleistung hat Persönlichkeit und ein Gesicht", berichtet die Chefin.
Das Rindfleisch stammt von der hofeigenen roten Angus-Herde. Angus-Rindfleisch ist feinfaserig und gut marmoriert. Geschlachtet werden vorwiegend Jungbullen und Färsen. Arne Möller kümmert sich persönlich mit eigenem Trecker und Viehwagen um die Verladung und den Transport zum nahegelegenen Schlachter, um den Stress für die Tiere möglichst klein zu halten. Nach Schlachtung und Fleischbeschau hängen die Rinderhälften für die Reifung 14 Tage im Kühlhaus. Dann wird das Fleisch zerlegt, portioniert und sofort vor Ort in Siegelrandbeuteln vakuumverpackt. Auf diese Weise hält das Fleisch 14 Tage im Kühlschrank. Im Hofladen wird es frisch oder tiefgefroren zum Verkauf angeboten. Die Schlachttermine werden jeweils auf der Homepage veröffentlicht.

Der Service wird großgeschrieben

Ein besonderer Service sind speziell zusammengestellte Fleischpakete, beispielsweise als Familien- oder Schlemmer-Paket. Zum Familienpaket gehören zwei Kilogramm Hack, zwei Kilogramm Gulasch, ein Rinderbraten, sechs Rinderrouladen, zwei Beef-Steaks, zwei Kilogramm Suppenfleisch und ein Kilogramm Suppenknochen. „Zu unserem Service gehört auch, dass wir beispielsweise junge Frauen beraten, wie das Fleisch zubereitet werden kann oder wie sie auch mal eine Rinderbrühe kochen können."
Die Kunden kommen überwiegend aus Henstedt-Ulzburg, den benachbarten Dörfern und aus dem Umland, darunter viele Stammkunden. Werbung in Form von Anzeigen mit Sonderangeboten in Zeitungen macht Christina Möller nicht: „Das ist viel zu teuer und damit bekommen wir Schnäppchenjäger-Kunden, die wir eigentlich gar nicht wollen. Wir verkaufen uns vor Ort gut durch Mundpropaganda und die Homepage ist natürlich wichtig."
Vor Ort gut verkaufen müssen sich auch die hauswirtschaftlichen Auszubildenden. Sie kommen meist im zweiten oder dritten Lehrjahr zu den Möllers und wohnen, arbeiten und leben dann für ein Jahr auf dem Hof. Dafür wird ihnen ein eigenes Zimmer plus Bad gestellt.
Für die jungen Mädchen ist der Kontakt zu den Kunden im Hofladen zunächst ungewohnt. „Nicht jede kann gleich auf Menschen zugehen, doch ich beobachte, dass die Mädchen mit

ihren Aufgaben wachsen, wenn man sie fordert und lässt", erzählt Christina Möller. „Die Kunden wissen, dass immer Azubis hier sind und das wird geschätzt und die Mädchen bekommen auch viel Lob."
Generell sieht die HWL gerade bei den Azubis in der ländlichen Hauswirtschaft viel Potenzial: „Das ist nicht das Klientel, das in die Hauswirtschaft geht, weil es nicht weiß, was es sonst machen soll." Azubis bei den Möllers brauchen gewisse Voraussetzungen, so müssen sie laut der Chefin schulisch ohne Unterstützung durchkommen, müssen motiviert sein, sich ordentlich ausdrücken können, lernwillig und leistungsbereit sein.

Azubi mit engem Familienkontakt

„Unsere Azubis entbehren einiges, die Ausbildung hat ein schlechtes Image, sie arbeiten mehr als andere Auszubildende mit bis zu zehn Stunden am Tag und sie verdienen weniger." Aber dafür können sie auf dem Hof eine ganze Menge lernen und in keinem anderen Beruf haben sie einen so direkten Kontakt zur Familie, denn sie wohnen im Haus und nehmen die Mahlzeiten mit der Familie ein. „Unsere Tischrunden sind immer sehr abwechslungsreich, es gibt viele Diskussionen bei Tisch, aber das hält uns auch jung", erzählt die Chefin. Nach dem Abschluss der Ausbildung kommen die Azubis immer gern wieder, wenn sie Rat und Hilfe brauchen. Eins steht fest: das Lehrjahr auf dem Hof prägt nachhaltig.
2011 sind die 18-jährige Amelie Brakel und die 20-jährige Corinna Piening, beide im dritten Lehrjahr, auf dem Hof beschäftigt. Jeweils abwechselnd übernimmt eine die sogenannte „Hauswoche" und die andere die Hofladenwoche. Zur Hauswoche gehören das Zubereiten des Mittagessens, die Haus- und Wäschepflege sowie die Garten- und Blumenpflege. Während der Hofladenwoche räumen die Azubis die Regale ein, sind in der Beratung und im Verkauf tätig, backen Kuchen und erledigen alle weiteren anfallenden Arbeiten im Hofladen. Der Laden ist von Montag bis Freitag von 9 bis 18 Uhr geöffnet, mit einer Mittagspause von 13 bis 15 Uhr von Montag bis Donnerstag. Samstag ist von 9 bis 13 Uhr geöffnet. Die Mittagspause lässt ich Christina Möller nicht nehmen: „Wir arbeiten sechs Tage in der Woche am Kunden. Da finde ich es wichtig, dass wir, wenn die Kinder nach Hause kommen, zusammen mit den Azubis essen können und einfach eine Pause haben."

Blumenschmuck zum Selbstpflücken

Neben dem Hofladen haben sich die Möllers weitere Einkommensalternativen gesucht. So bewirtschaften sie direkt neben dem Hof ein großes Sommerblumenfeld zum Selberpflücken. Von Juni bis Oktober wird auf 70 Blumenfeldern eine riesige Auswahl an Sommerblumen angeboten. Gladiolen, Sonnenblumen, Dahlien, Zinien, Phlox, Astern und Löwenmäulchen blühen dann verschwenderisch und bieten Garten -idylle pur. „Es gibt Leute, die halten sich stundenlang auf den Blumenfeldern auf und fotografieren", erzählt Christina Möller. Utensilien zum Pflücken der Blumen liegen bereit, nach dem Pflücken werden die Stiele an eine Schablone gehalten und so der Preis ermittelt, gezahlt wird in eine Kasse. „Das geht sehr gut, es ist eine dankbare Aufgabe und wir haben überwiegend ehrliche Kunden."

Neben den Sommerblumen ist der Hof der größte Anbieter an Kaminholz in der Region. Angeboten wird Kamin- und Ofenholz aus Buche, Eiche und Birke. Das Holz wird zwei Jahre getrocknet, die Restfeuchte liegt unter 20 Prozent. Für die Kunden wird das Holz sortenrein in Säcke verpackt und auf Wunsch auch mit dem Treckergespann bis auf die eigene Auffahrt geliefert.

Rustikaler Hoftreff und Showküche

Bäuerliches Ambiente erleben und genießen kann man im Hoftreff, dem Veranstaltungsraum im rustikalen Stil, der mit viel Holz aus dem eigenen Wald eingerichtet ist. Selbstgezimmerte Tische, Schwartenwände und eine Holzbar sorgen für eine gemütliche Atmosphäre. Der Raum bietet Platz für rund 60 Personen und kann für Seminare, Privatfeiern, Vereine oder Ausstellungen gemietet werden. Auf Wunsch wird Geschirr und auch der Service gestellt. Das Catering und die Dekoration werden von der Hofladen-Crew übernommen und sind von den Gästen frei wählbar. „Wir nutzen den Raum auch für unsere eigenen Feste, für den Tannenbaumverkauf oder für Hoffeste. Unser Kerngeschäft ist und bleibt aber der Laden", erzählt Christina Möller.

Nach zehn Jahren Hofladen ist sie sehr zufrieden und dankbar, dass es so gut läuft. Besondere Umsatzbringer im Jahr sind das Weihnachtsgeschäft sowie die Spargel- und die Erdbeerzeit. „Arbeit haben wir genug, wir stehen jeden Morgen auf und wissen eigentlich nicht, was der Tag bringt. Das ist immer wieder spannend." Pläne für die Zukunft hat die Hofladen-Chefin auch: So soll die Gewerbeküche, die direkt an den Laden grenzt, ausgebaut werden zur Showküche, damit die Kunden die Produktion mitverfolgen können. „Und natürlich wollen wir auch weiter ausbilden, denn es ist einfach toll zu sehen, wie sich die jungen Frauen entwickeln und welche Chancen die Ausbildung in der Hauswirtschaft bietet."

Praxistipps

1. Mit Garten- und Deko-Artikeln hat der Hofladen eine Nische gefunden, nämlich Geschenke und Mitbringsel für 20 bis 25 Euro sowie besondere Gartenaccessoires.
2. Ein besonderer Service sind speziell zusammengestellte Fleischpakete, beispielsweise als Familien- oder Schlemmer-Paket.
3. Die Gewerbeküche, die direkt an den Laden grenzt, soll zur Showküche ausgebaut werden, damit die Kunden die Produktion mitverfolgen können.

„Jeden Tag aufs Neue!"

Der Geflügelhof Hüttinger bei Eichstätt im Altmühltal wurde behutsam Schritt für Schritt ausgebaut. Die frisch gekürte Hauswirtschaftsmeisterin Roswitha Hüttinger hat durch ihr Arbeitsprojekt die Geflügelvermarktung ihres Betriebes erweitert. Dazu wurde 2010 ein neuer Schlacht- und Zerlegeraum geschaffen und das Marketing verbessert – vom Flyer über Internetportale bis hin zu Kursen zum Thema „Geflügel zerlegen".

„Ach, ich finde, das passt doch ganz gut – Geflügelhof und Hauswirtschaft. Es sind hochwertige, selbst erzeugte Produkte, die wir gekonnt verarbeiten." Die Meisterin der Hauswirtschaft Roswitha Hüttinger hat eigentlich Schneiderin gelernt und 1983 in einen Milchviehbetrieb eingeheiratet.

Schon als Kind vom Geflügel fasziniert

Schon als Kind war sie fasziniert vom Geflügel bei ihrer Tante. So begann sie, auch auf ihrem Hof Geflügel zu halten. „Und durch die Meisterausbildung von 2008 bis 2011 in Landsberg am Lech habe ich dann das betriebswirtschaftliche Wissen erhalten, denn eigentlich waren bis dahin Rechnen und Wirtschaft nicht so meine Stärke", sagte Hüttinger, die 2002 bis 2004 zunächst ihre Hauswirtschaftsausbildung abgeschlossen hat. In ihrer Meisterarbeit hat sie sich vor allem um die hygienischen Anforderungen gekümmert, die an ein Schlachthaus gestellt werden, wie vierteljährliche Abklatschproben, jährliche Wasserproben des Tiefbrunnens sowie Schulungs- und Entsorgungskonzepte. Vor allem am Reinigungskonzept hat sie intensiv gearbeitet: „Ich glaube, das hätte ich ohne die Erfahrungen aus einem Arbeitsprojekt bei der Vorbereitung zur Prüfung zur Hauswirtschaftsmeisterin in einem Kinderwohnstift in Augsburg nicht geschafft."

Der Hofladen ist jeden Samstag von 9.00 bis 12.00 Uhr geöffnet – zweiwöchentlich hatte sich nicht bewährt

Von Hähnchen bis Perlhuhn

Mittlerweile umfasst der jährliche Bestand des Geflügelhofs Hüttinger folgende Tiere:
1.200 Hähnchen
100 Legehennen für den Eierverkauf
50 Perlhühner
50 Wachteln
140 Gänse (saisonal im Angebot)
250 Enten (saisonal im Angebot)
50 Puten (saisonal im Angebot)

Die meisten von ihnen werden nicht direkt auf dem Hof, sondern auf eigenen, eingezäunten Weiden vor dem Ort gehalten. In der Nacht schlafen sie in speziellen Wagen.

Jeden Samstag geöffnet

Den Laden öffnet sie jeden Samstag von 9.00 bis 12.00 Uhr. „Früher hatten wir nur alle 14 Tage geöffnet, aber damit kamen die Kunden oft durcheinander und standen immer wieder vor verschlossenen Türen." Zu Beginn hat sie nur auf Vorbestellung gearbeitet und dann diesen Abholservice langsam aber sicher in einen echten Verkaufsladen verwandelt. Inzwischen hat sie soviel Kundschaft, dass sie bei 35 Hähnchen-Bestellungen nochmal 30 weitere Hähnchen anbietet. „Die werden wir auf jeden Fall los, meist schon gleich zu Beginn von 9 bis 11 Uhr." Der Rest wird vakuumverpackt und tiefgefroren. Die Hähnchen werden im Laden bei 0 bis 1 Grad Celsius gelagert und in Gefrierbeuteln verkauft. Viele Kunden denken mit und haben ihre Kühltasche dabei. Darauf achtet Hüttinger, denn es ist ihr sehr wichtig, dass die Kühlkette nicht unterbrochen wird, es geht ja auch um ihren guten Ruf. In einem Fall hatte sie der Kundin auch angeboten, das Fleisch gekühlt vorbeizubringen, weil diese einen Termin in der Stadt hatte, und das hätte dem Fleischeinkauf nicht allzu gut getan ...

Ein Blick in den Hühnerstall. 100 Legehennen für den Eierverkauf leben auf dem Hof.

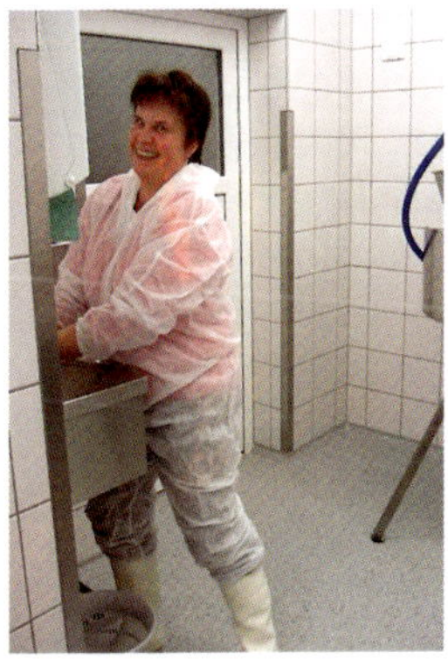

Hygiene ist gerade bei Geflügelfleisch sehr wichtig

Spezialität: Wachteleierlikör!

Inzwischen beliefert sie auch zwei andere Dorfläden in der näheren Umgebung. Neben dem Geflügel bietet sie unter anderem Nudeln oder selbstgekochte Hühnersuppe an sowie alle vier Wochen Bauernbrot von einer befreundeten Bäckerin.
Eine echte Spezialität ist jedoch der selbstgemachte Wachteleierlikör. „Wir haben gemerkt, dass unsere Wachteln sehr legefreudig sind, und so kam ich auf die Idee, mal etwas ganz anderes anzubieten." Der Hof ist registriert bei dem Angebot „Köstliches vom Lande", einer Webseite, die vom bayerischen Landwirtschaftsministerium unterstützt wird. „Außerdem haben wir Flyer in Banken und Apotheken ausgelegt und unser Hoffahrzeug mit Werbung beklebt." Als Markenname hat Roswitha Hüttinger sich den Namen „Jurageflügel" einfallen lassen. „Das hat eine besondere Bedeutung, weil ich einerseits aus dem Bayerischen Jura stamme und seit meiner Hochzeit in der Jurastraße wohne. Den Jurastein mag ich sehr gern und habe damit auch den Boden und eine Wand meines Hofladens entsprechend ausgestattet. Zudem ist dieser Stein ein Symbol für die Beständigkeit unseres Hofes."

„Wir sind nicht im Niedrigpreissegment“

Roswitha Hüttinger positioniert ihr Angebot nicht im Niedrigpreissegment. „Da haben wir auch mal anfragenden Gasthöfen absagen müssen, die andere Preise vom Großhandel gewohnt sind.“ Ihre Kunden sind gut situierte Singles und Paare, ältere Damen aus dem Ort, aber auch junge Familien mit Kindern, die ihrem Nachwuchs ganz bewusst selbst eine Hühnersuppe kochen möchten. Es kann auch sein, dass die Hähnchen nicht wie zeitlich geplant heranwachsen. „Dann muss ich auch mal eine Bestellung absagen und auf eine Woche später verweisen – doch die Kunden verstehen und akzeptieren das. Ich finde, dass die Wertschätzung für etwas wächst, wenn es nicht zu jeder Zeit verfügbar ist“, so Hüttinger. Im Januar, Februar oder März werden beispielsweise auf dem Markt keine Putenküken angeboten und dabei belässt sie es dann auch, denn gerade Puten sind sehr empfindlich in der Haltung – „und ich setze natürlich prophylaktisch keine Antibiotika ein.“

Zerlegekurse mit Spezialrezepten

Regelmäßig bietet Roswitha Hüttinger zweistündige Zerlegekurse an. „Sobald sich mehr als acht Personen anmelden, geht es los: Jeder Teilnehmer erhält ein größeres Hähnchen und dann lernen alle, es zu zerlegen.“ Zunächst werden die Keulen und die Brust fachmännisch abgelöst. Dann gibt Hüttinger Tipps für mögliche Rezepte wie Saltimbocca oder Brustroulade, die von der Hähnchenhaut ummantelt wird. Zu den Rezepttipps gehört auch die unterlegte Hähnchenkeule, hierbei wird zwischen die Haut und das Fleisch vor dem Garen eine vorbereitete Füllung gesteckt. Diese Füllung variiert jahreszeitlich wie zum Beispiel Pilze, mediterran oder auch mal weihnachtlich. Die Teilnehmer nehmen diese vorbereiteten Teile dann mit nach Hause und bereiten sie dort zu – es ist also kein Kochkurs, denn hierfür fehlt eine entsprechende Küche. „Mir ist besonders wichtig, dass die Teilnehmer auch lernen, alles vom Hähnchen zu verwenden, also auch die Leber, den Kragen* oder die Karkasse**, um daraus eine schöne Hühnersuppe zu kochen.“ Dieses Bewusstsein führt sie auch im Laden fort, wo Hüttinger beispielsweise Hähnchen-Leberpastete zum Probieren und Kaufen anbietet. Das Einzige, was nicht leicht zu verkaufen ist, sind die Flügel und die Unterkeulen der Puten. „Obwohl die Flügel bis zu 300 Gramm Fleischgewicht haben, werden sie nicht gern gekauft, denn der Hautanteil ist den meisten Kunden zu hoch. Da mache ich es dann so, dass ich besonderen Stammkunden schon mal eines dieser Teile schenke.“

Was isst sie selbst am liebsten?

Hüttinger selbst mag am liebsten Wassergeflügel, also Enten oder Gänse. Ansonsten isst sie auch gern scharfe und würzige Hähnchenkeulen oder Brustflügel von Hähnchen – natürlich mit einer speziellen, von ihr entwickelten Marinade. Sie arbeitet im Schlachthaus zusätzlich

---

*Kragen = Teil des Geflügelhalses
**Karkasse = Gerippe von Geflügel

Regelmäßig bietet Roswitha Hüttinger zweistündige Zerlegekurse an

freiwillig nach der „Leitlinie für eine gute Hygienepraxis in der bäuerlichen Geflügelschlachtung“ (Bundesministerium für Gesundheit). Neben den geforderten täglichen Temperaturkontrollen und den vierteljährlichen Abklatschproben geht sie Jahr für Jahr in Ruhe alle Punkte durch, wie zum Beispiel Arbeitskleidung, Arbeitssicherheit oder Mitarbeiterschulung und kontrolliert sich selbst.

Kein Fremdschlachten, kein Bio

Was Hüttinger ablehnt, ist das Schlachten für andere Höfe, obwohl die Nachfrage eigentlich vorhanden wäre. Denn ihre gute Arbeit im Schlachthaus zusammen mit ihrer Mitar- beiterin, Hauswirtschaftsmeisterin Karin Deffner, die sie im Kurs kennenlernte, hat sich herumgesprochen. „Doch für Fremdschlachtungen bräuchte ich eine EU-Zulassung und das bedeutet unter anderem, dass bei jeder Schlachtung ein Veterinärmediziner anwesend sein müsste – diese Zusatzkosten würden sich nicht tragen. Außerdem habe die letzten Jahre immerfort alles erweitert und ausgebaut. Wir sind jetzt an einem Punkt angelangt, wo die viele Arbeit noch Spaß macht und das soll auch so bleiben.“ Der große Aufwand ist auch einer der Gründe, nicht auf Bio umzustellen, denn dann müsste laut EU-Richtlinien nicht nur der Geflügelhof, sondern der ganze Hofbetrieb inklusive der Milchviehhaltung und des Ackerbaus komplett auf ökologisch umgestellt werden. „Ich persönlich habe eher den Eindruck, dass die Menschen statt Bio allgemein regionale Produkte wünschen und die Tiere aufwachsen sehen möchten.“ Stichwort Transparenz: „Selbst im Hofladen zeigen wir anhand von Beispielen an einer großen Informations-Pinnwand, was unsere Tiere zu fressen bekommen, wie beispielsweise den Mais, die Erbsen oder die Sojabohnen, die wir hier selbst anbauen.“ Erst kürzlich hat sich Hüttinger am „Hofladen-Check“ des Bayerischen Bauernverbandes (BBV) beteiligt, um die Waren noch besser zu präsentieren.

Dabei hat sie unter anderem gelernt, dass ihr noch ein deutliches Hofladenschild am Gebäude fehlt oder, dass die Eier statt versteckt im Kühlschrank lieber auf der Theke präsentiert werden sollten. Zudem besuchte Roswitha Hüttinger auch Seminare zur Direktvermarktung: „Hier habe ich den Tipp bekommen, dass es einfach und authentisch sein darf – eine schöne Handschrift auf Packpapier kommt bei den Kunden besser an als ausgedruckte Seiten."

Ein paar Tage Urlaub

„Ich weiß, es klingt vielleicht komisch, aber dadurch, dass ich hier am Hof auch noch meine beiden Schwiegereltern mit Pflegestufe 1 und 2 betreue, erscheint mir die Geflügelzucht fast wie ein Ausgleich", sagt die fünffache Mutter. Ihr Motto: „Jeden Tag aufs Neue, morgen geht die Sonne wieder auf."

Praxistipps

1. Eine echte Spezialität ist der selbstgemachte Wachteleierlikör.
2. Das einzige, was nicht leicht zu verkaufen ist, sind die Flügel und die Unterkeulen der Puten.
3. Im Hofladen wird anhand von Beispielen an einer großen Informations-Pinnwand gezeigt, was die Tiere zu fressen bekommen.

Ganz große Stücke

Vor den Toren Hamburgs in der beschaulichen Landgemeinde Ellerau hat sich Hauswirtschaftsmeistern Birgit Saggau mit ihrem Landhaus Saggau einen Traum erfüllt. Auf dem Bauernhof mit Milchviehbetrieb und 200 Hektar Land ist ein großes Hofcafé mit 160 Plätzen sowie ein Hotel und eine Ferienwohnung entstanden.

Konditorin Marion Daniel bei der Arbeit. Zuvor hat sie fünf Jahre im renommierten Steigenberger-Hotel in Hamburg gearbeitet.

Mascarponetorte mit Himbeeren, Baiser-Torte mit Stachelbeeren, Erdbeer-Stracciatella-Torte, Schwarzwälderkirschtorte, Nuss-Marzipan-Torte, Mango-Physalisis-Torte, Johannisbeerschnitten, Apfel- oder Pflaumenkuchen mit Hefestreuseln und vieles mehr: Am Wochenende ist das Angebot an selbstgebackenen Kuchen und Torten im Landhaus Saggau riesig. 25 bis 30 Torten hat Birgit Saggau im Repertoire und am Wochenende stehen auch fast alle im Buffet. Hier bilden sich dann lange Schlangen, teilweise bis zur Tür hinaus, mit Kaffeegästen, die sich ihr Stück Torte heraussuchen. Gerade am Sonntag wird das Hofcafé nachmittags regelrecht überrannt, rund 500 Gäste in zwei, drei Stunden sind keine Seltenheit.

Weit über Ellerau bekannt sind die großen Tortenstücke für drei Euro, die bei Saggau auf den Kuchenteller kommen. Aus einer Torte werden immer nur acht Stücke geschnitten. „Von dieser Tortenstückgröße können wir nicht abweichen, das fällt sofort auf, daran sind unsere Gäste gewöhnt“, lacht die Chefin. Man kann auch zwei halbe Stücke für den gleichen Preis bekommen, wenn man zwei Sorten probieren möchte.

Zuerst Handelsschule, dann Hauswirtschaft

Birgit Saggau ist in einer Landgastwirtschaft großgeworden und ihr Traum war später immer, noch einmal Gastronomie zu machen. Nach ihrem Realschulabschluss besuchte sie zunächst ein Jahr die höhere Handelsschule. „Ich hatte es immer mit Zahlen.“ Als sie sich da-

Hauswirtschaftsmeisterin Birgit Saggau: Erfolg mit Hofcafé und Hotelbetrieb

nach entschloss, Hauswirtschaft zu lernen, reagierte ihr Umfeld erstaunt. „Schon da wurde Hauswirtschaft eher abwertend betrachtet, aber mir hat die Ausbildung viel Spaß gemacht.“ Nach ihrer Meisterprüfung arbeitete sie dann zunächst zusammen mit ihrem Mann auf dem eigenen Hof und engagierte sich im Verkauf von Rindfleisch, Hühnern und Enten.
Als die Familie sich dann 2006 überlegte, was man mit einem leer stehenden Gebäudeteil, in dem früher Kälber standen, anfangen sollte, brachte Birgit Saggau ihre Idee mit dem Hofcafé ein. Zunächst hat sie sich bestimmt 30 entsprechende Cafés im Umkreis angesehen, um sich Anregungen zu holen. „Erst wollten wir nur klein anfangen, aber der 1. Stock, der früher als Heuboden genutzt wurde, stand ja auch leer. Und das konnten wir natürlich nicht so lassen, wenn unten Café-Betrieb ist, und so haben wir dann gleich elf Doppelzimmer einbauen lassen, inklusive Pantry-Küche“, erzählt die Hauswirtschaftsmeisterin.
Die Investitionssumme belief sich auf rund eine halbe Million Euro, also kein ganz kleines Projekt. „Anfangs gab es im Umfeld viele Pessimisten, doch eigentlich lief das Café von Anfang an ganz gut.“ Doch der große Boom kam, als der neue Hofcafé-Führer, der alle zwei Jahre von der Landwirtschaftskammer Schleswig-Holstein neu aufgelegt wird, erschien, erstmals mit dem Landhaus Saggau. Der Kreisbauernpräsident und die Landfrauenvorsitzende waren vor Ort, in vielen Zeitschriften wurde über das neue Café berichtet. Sogar im „Hamburger Abend- blatt“ fand sich ein Artikel über die riesigen Tortenstücke in Ellerau.

Boom durch Auftritt im NDR

Im letzten Jahr waren das Landhaus und Birgit Saggau auch im Fernsehen zu sehen. Eine Folge der NDR-Sendung „Mein Nachmittag“ wurde im Landhaus gedreht und die Chefin beim Kuchenbacken gefilmt. „Danach war hier noch mehr los“, so Birgit Saggau.
Die typischen Gäste kommen aus der Region oder aus umliegenden Städten. „Es hat sich ein regelrechter Hofcafé-Tourismus entwickelt. Es kann quasi zum Hobby werden, alle Bauern-

Das 2006 eröffnete Hofcafé bietet 160 Sitzplätze inklusive des Wintergartens, der vor zwei Jahren angebaut wurde

hof-Cafés in Schleswig-Holstein abzufahren." Sehr viele Gäste brachte auch die Landesgartenschau, die im benachbarten Norderstedt stattfand. Viele Busse mit Gartenschaugästen stoppten zum Brunch oder zum Abendessen im Landhaus Saggau.

Das Hofcafé bietet 160 Sitzplätze inklusive Wintergarten, der vor zwei Jahren angebaut wurde. Gleichzeitig wurde auch in eine professionelle Gewerbeküche investiert, da die alte Küche aus allen Nähten platzte.

Ab 8.30 Uhr kann im Landhaus gefrühstückt werden. Die Frühstückskarte umfasst sieben Frühstückvarianten vom Kinderfrühstück mit Brötchen, Nutella und Milch für drei Euro bis zum erlesenen Frühstück mit Büsumer Krabbensalat, Lachsforellenfilet und geräuchertem Aal für 13 Euro. Die kleine Abendbrotkarte bietet Gerichte rund um die Bratkartoffel, drei Salate, drei Suppen sowie Aufschnittplatten und Matjestopf. Das Café schließt um 20 Uhr.

Hotel ist fast immer ausgebucht

„Vergessen Sie den Alltag und freuen Sie sich auf erholsame Urlaubstage in idyllischer Atmosphäre im Herzen Schleswig-Holsteins!", so wirbt das Landhaus auf seiner Internetseite für den Hotelbetrieb. Und auch dieser läuft sehr gut: „Wir sind fast immer ausgebucht, zumindest im Sommer." Die elf Doppelzimmer sind 25 Quadratmeter groß, verfügen über einen Schlafraum mit kleinem Wohn-, Ess- und Pantrybereich, ein geräumiges Duschbad sowie Flachbildfernseher und Internet-Anschluss. Die Einrichtung ist aus massivem Buchenholz, kombiniert mit Landhausstoffen.

Ein Schlaraffenland für Torten-Fans: Im Hofcafé und im Lieferservice werden bis zu 50 verschiedene Torten und Kuchen angeboten von der Apfelsahne-Eierlikörtorte bis zur Zimtpflaumentorte

Die sechs Einzelzimmer sowie die 140 Quadratmeter große Ferienwohnung liegen in einem separaten Gebäude gegenüber dem Landhaus, das 2007 erbaut wurde. Ein Doppelzimmer kostet 65 Euro pro Nacht, ein Einzelzimmer 45 Euro. Wer möchte, kann für 5,50 Euro ein Frühstück im Café dazu buchen. Dies nutzen rund 25 bis 30 Hotelgäste jeden Morgen.

Die Vermarktung erfolgt über die Homepage und über das Hotel-Portal HRS, damit ist die Chefin sehr zufrieden. Außerdem gibt es viele Stammgäste. Das Hotel hat 365 Tage im Jahr geöffnet. Unter der Woche kommen viele Geschäftsleute, Handelsvertreter und Monteure aus den umliegenden Städten, die die Ruhe und die geräumigen Zimmer schätzen. „Da haben wir hier fast eine Monopolstellung. Es gibt zwar noch ein, zwei Hotels in der Nähe, doch die liegen an der Autobahn." Am Wochenende sind auch viele Hamburg-Touristen zu Gast, die Preise sind mit den Hotelpreisen in der Hansestadt nicht zu vergleichen und die Bahnverbindung in die 20 Kilometer entfernte Großstadt ist gut.

Gutes Personal als wichtigstes Kapital

Birgit Saggau führt ihren Betrieb mithilfe von zwei hauswirtschaftlichen Betriebsleiterinnen, zwei Restaurantfachfrauen (eine in Teilzeit) und zwei hauswirtschaftlichen Auszubildenden. Hinzu kommt ein Koch und eine Kochfrau jeweils auf 400-Euro-Basis, die Chefin kocht selber auch. Für die Reinigung der Hotelzimmer kommen zusätzlich vormittags stundenweise vier junge Mütter aus der Gegend, die diese Arbeit sehr selbstständig erledigen. „Gutes Personal ist unser wichtigstes Kapital, damit steht und fällt alles", ist sich die Chefin sicher.

Insgesamt rund 100 Azubis hat Birgit Saggau in der Hauswirtschaft und ihr Mann Jürgen in der Landwirtschaft in den letzten 30 Jahren ausgebildet. Seit 1986 hat sie immer Azubis gehabt, die alle mit auf dem Hof wohnten und auch ihre Mahlzeiten mit der Familie einnahmen. „Langweilig war es hier nie, es waren immer junge Leute auf dem Hof und meine zwei Söhne sind damit groß geworden." Die Söhne treten ganz in die Fußstapfen der Eltern, so hat der ältere Sohn Landwirtschaft studiert und kümmert sich mit Jürgen Saggau um den landwirt-

Das Café lief von Anfang an gut, doch der große Boom kam, als in einem neuen Hofcafé-Führer das Landhaus Saggau erstmals vorgestellt wurde

schaftlichen Betrieb mit derzeit 160 Kühen. Der jüngere Sohn studiert Betriebswirtschaft und hilft in den Semesterferien im Service. Birgit Saggau verbringt selber mehr Zeit am Schreibtisch als ihr lieb ist und kümmert sich um Buchungen, Bestellungen, Personaleinsatzplanung etc. „Zu so einem Betrieb gehört schon eine riesige Logistik. Sehr beschäftigt bin ich zum Beispiel mit der Planung und Besprechung der Vielzahl von Veranstaltungen und Feierlichkeiten, die hier stattfinden." So geht im Landhaus von Mai bis Oktober fast an jedem Wochenende eine Hochzeit über die Bühne. Hinzu kommen Konfirmationen, Firmenfeiern, Weihnachtsfeiern und runde Geburtstage, meist ab 50 Jahren aufwärts. „Das ist die Zielgruppe, die hier nachmittags zum Kaffeetrinken kommt. Wenn es ihnen gefällt, feiern sie dann gerne später auch ihren Geburtstag hier." Gerade Städter schätzen die ländliche Atmosphäre. Nach dem Kaffeetrinken schlendern sie zum Kuhstall, die Kinder haben viel Platz zum Herumtollen, können die Kälbchen streicheln.

„Unsere bisher größte Veranstaltung war ein Sommerfest für eine Bank in Pinneberg mit 160 Personen, da haben wir ein riesiges Buffet aufgebaut. Menüs richten wir für bis zu 100 Personen aus." Die Küche beliefert auch externe Kunden mit Buffets im Partyservice, dafür wurde sogar ein kleiner Lieferwagen angeschafft. Und auch die berühmten Torten aus dem Landhaus werden außer Haus geliefert, allerdings nur im Umkreis von 20 Kilometern. Sehr beliebt sind die Hochzeitstorten. „Gastronomische Betriebe aus der Umgebung empfehlen uns mittlerweile, wenn ihre Gäste eine schöne Hochzeitstorte wünschen", erzählt Birgit Saggau.

Kühe und Kälbchen sind ein weiterer Besuchermagnet

Zusätzliche Hotelzimmer und eine Ferienwohnung im Extragebäude

Einladend gemütlich: Feiern im Hofcafé

So ist Konditorin Marion Daniel mit der Produktion der Torten voll ausgelastet. Marion Daniel hat vorher fünf Jahre im renommierten Steigenberger-Hotel in Hamburg gearbeitet. Natürlich sind in dieser Küche Backmischungen verpönt, genauso wie Farb- oder Zusatzstoffe. Es wird immer mit frischen, saisonalen Früchten gearbeitet und die Sahne kommt frisch von der Meierei.

Keine Torte am nächsten Tag

„Bei uns steht keine Sahnetorte am nächsten Tag noch im Buffet, da bin ich ganz rigoros, dann schmeckt die Sahne einfach nach Kühlung“, erklärt Birgit Saggau, die die Rezepturen für die Torten alle selbst entwickelt hat. Die Gäste wissen meist schon, dass sie am Wochenende die größte Auswahl haben, wenn sie um Punkt 14 Uhr kommen, wenn das Kuchenbuffet eröffnet wird. Außer Haus wird Kuchen am Samstag und Sonntag erst ab 16 Uhr verkauft. „Sonst wäre schon alles weg, wenn die Kaffeegäste zu uns kommen.“

Insgesamt kann man sagen, dass sich die Investition in Hofcafé und Hotel auf jeden Fall gelohnt hat. Das Landhaus Saggau ist ein Erfolgsmodell, und daran hat laut Birgit Saggau auch die Hauswirtschaft ihren Anteil: „Ich wurde erst belächelt mit meinem Beruf, aber es ist toll, wie breit das Fachwissen ist, das man erwirbt, und was man mit Hauswirtschaft alles machen kann.“

Praxistipps

1. Aus einer Torte werden immer nur acht Stücke geschnitten.
2. Es hat sich ein regelrechter Hofcafé-Tourismus entwickelt.
3. Insgesamt rund 100 Azubis hat Birgit Saggau in der Hauswirtschaft und ihr Mann Jürgen in der Landwirtschaft in den letzten 30 Jahren ausgebildet.

Ein Bauernhof als Lernort für Kinder

Die Kinder vom Bauernhofkindergarten Muhs in Krummbek bei Kiel haben kein Klettergerüst, keine Schaukel und kein Bällebad. Stattdessen springen sie von einem Strohballen zum nächsten, klettern auf den Apfelbaum und füttern die Schweine. „Ein Bauernhof bietet eine wahnsinnig große Lern- und Erlebnisvielfalt für die Kinder. Wir brauchen nichts zu konstruieren, hier ist alles echt", sagt Anne-Marie Muhs, Diplom-Ökotrophologin und Gründerin des bundesweit ersten Bauernhofkindergartens.

Jeden Mittwoch ist Füttertag. Die 18 Kinder des Kindergartens auf dem Biohof Muhs treffen sich morgens geschlossen vor dem Schweinestall. Bauer Rainer wartet mit der Fütterung der 350 Schweine bis die Kinder da sind. Mittlerweile herrscht helle Aufregung im Stall, die Schweine laufen wild durcheinander, der Lärmpegel ist hoch. Dann dürfen die Kinder die Fütterungsanlage bedienen. In jeder der Boxen öffnet jeweils ein Kind den Hebel, der Futterbrei läuft heraus und plötzlich stehen 25 Schweine in Reih und Glied und fressen, im Stall ist es auf einmal ganz leise. „Die Kinder freuen sich immer sehr auf diesen Moment, weil sie sehen, dass sie es sind, die die Schweine satt kriegen", sagt Anne-Marie Muhs.
Sie ist selber auf einem Bauernhof großgeworden und oft musste sie auch mitarbeiten. „Das hat mich zwar manches Mal genervt, aber später habe ich dann registriert, was ich für ein Glück hatte, so eine Menge Grundlagenwissen mitzubekommen über die Natur, über Tiere und auch über die Herkunft von Lebensmitteln."

Jeden Morgen werden die Hühner gefüttert

Anne-Marie Muhs und ihr Mann, Bauer Rainer

Nach dem Abitur hat Anne-Marie Muhs zunächst Hotelfach gelernt und dann Ökotrophologie an der Fachhochschule Hamburg studiert. Danach hat sie einen Landwirt geheiratet und leitet mit ihm in dritter Generation den Biohof mit angegliederter Fleischerei und Direktvermarktung. Auch ihre eigenen fünf Kinder genießen auf dem elterlichen Hof den Kontakt zu den Tieren und zur Natur.

Landwirtschaft auf spielerische Weise kennenlernen

Anne-Marie Muhs fand es traurig, dass heute nur noch wenige Kinder so aufwachsen und fing an, nachmittags Kindergarten- und Schulkindergruppen auf den Bauernhof einzuladen. „Erst habe ich gedacht, hoffentlich wird den Kindern hier nicht langweilig. Aber sie haben immer gestrahlt, wenn sie die Tiere füttern oder auf dem Strohboden toben konnten, das war toll."

Dieser Probelauf war also erfolgreich und so kam sie auf die Idee mit dem Bauernhofkindergarten. Sie fand fünf gleichgesinnte Frauen und gründete den Verein Wurzelkinder e.V., der als Träger des Kindergartens fungiert. Sie erarbeitete ein Konzept, bei dem es in erster Linie darum geht, dass die Kinder Landwirtschaft und Natur auf eine spielerische, sinnliche Weise kennenlernen. Ganz wichtig war ihr, dass die Kinder nicht nur zu Besuch auf den Bauernhof kommen, sondern, dass der Kindergarten direkt auf dem landwirtschaftlichen Betrieb angesiedelt ist.

Förderungen nutzen

So wurde mitten auf dem Hofgelände ein Kinderhaus neu gebaut. Ein Drittel der Baukosten hat die Gründerin selber getragen, ein Drittel bekam sie über ein Förderprogramm zur Dorferneuerung und ein weiteres Drittel finanzierte sie über ein zinsloses Darlehen, das sie von einem Ehepaar bekam, das die Idee mit dem Bauernhofkindergarten toll fand. „Es gibt aber zum Beispiel auch Stiftungen, die in Kinder und Bildung investieren. Hier ist es wichtig, sich gut zu informieren und sich beraten zu lassen, beispielsweise von den Landwirtschaftskammern." Ebenfalls wichtig ist ein guter Kontakt zum Jugendamt, der für die Betriebsgenehmigung zuständig ist sowie zur Unfallkasse, die in Sachen Gefahrenaufsicht das Sagen hat. „Ich habe gute Erfahrungen damit gemacht, die zuständigen Sachbearbeiter auf den Hof einzuladen, damit sie das Ganze vor Ort begutachten können. So konnten sie mir manchen wichtigen Tipp geben."

Die Wurzelkinder sind live dabei

Angrenzend zu einer Weide mit Schafen und Pferden, zwischen Obstbäumen und Mastställen steht nun also das Holzhaus mit großen, bodentiefen Fenstern zur Hofseite. „Die bodentiefen Fenster waren mir wichtig, damit die Kinder mitbekommen, was alles auf dem Hof passiert." Wenn zum Beispiel der Bauer mit dem Trecker die Silage wegbringt, wenn ein neuer Mastbulle geliefert wird oder wenn die Hühner mal wieder aus ihrem Stall ausgebüxt sind: die Wurzelkinder sind live dabei und alles wird gründlich debattiert.
Ein eingezäunter Bereich rund um das Holzhaus bietet mit Strohrundballen, mit Sand gefüllten Treckerreifen, Lehmgrube, Weidentipi, Werkbank und Kletterbäumen viele Aktivitätsmöglichkeiten. Das Hofgelände selbst dürfen die Kinder nur in Begleitung Erwachsener betreten, allein wäre es zu gefährlich.

Biohof Muhs in Krummbek

Der Hof von Anne-Marie und Rainer Muhs besteht seit drei Generationen und ist seit 80 Jahren eine Einheit aus Landwirtschaft und Schlachterei. Seit 1997 wird er nach den Richtlinien der EG-Öko-Verordnung bewirtschaftet. Das hofeigene Futter wird auf den Feldern rundum angebaut, den Tieren wird ein natürliches, langsames Wachstum zugestanden, es gibt keinen Transportstress durch die hofeigene Schlachterei. Die Tiere leben artgerecht in Ställen mit viel Raum, natürlichem Licht, eingestreuten Liegeflächen und Zugang zu einem Auslauf im Freien.
Der Hof ist mittlerweile ein viel besuchter Demonstrationsbetrieb für ökologischen Landbau. 350 Schweine sowie 15 Mutterkühe und Kälber leben auf dem Hof, hinzu kommen Hühner, Enten, Schafe, Kaninchen und Katzen. Pro Woche werden zehn Schweine und zwei Rinder geschlachtet. Das umfangreiche Sortiment an Wurst- und Fleisch-Spezialitäten wird ab Hof, auf Wochenmärkten, im Einzelhandel und in Restaurants der Region vermarktet.
Weitere Infos: www.hofschlachterei-muhs.de.

Eingang zum Kinderhaus

Das Kinderhaus steht direkt auf dem Hofgelände

Die Plätze waren schnell weg

Die 18 Plätze im Wurzelkindergarten waren schnell besetzt, ein Problem war eher, das passende Personal zu finden. Wer einen Regelkindergarten führen will, braucht eine ausgebildete Erzieherin und als Stellvertreterin mindestens eine sozialpädagogische Assistentin. Anne-Marie Muhs konnte also hier nicht selbst tätig werden, da sie keine Erzieherin ist. Für den anspruchsvollen Arbeitsplatz, bei dem neben der pädagogischen Qualifikation auch Wissen über Landwirtschaft und Natur benötigt wird, fand sie eine Naturspielpädagogin. „Die leitende Erzieherin ist für die Pädagogik zuständig, ich habe den organisatorischen Teil, also die Verwaltung, übernommen und bin zur Vorsitzenden des Trägervereins gewählt worden. Damit habe ich quasi eine Mittlerrolle zwischen Kindergarten und Bauernhof." Außerdem betreuen eine Erzieherassistentin sowie eine Praktikantin des Freiwilligen Ökologischen Jahres die Wurzelkinder. Bewusst werden nur 18 Kinder in die Gruppe aufgenommen, obwohl man eigentlich auf 22 Kinder hochgehen könnte. „Ich nenne das artgerechte Kinderhaltung. Bei zu großen Gruppengrößen gibt es leicht Stress für die Kinder und auch für die Erzieher."

Die Welt der Sinne

Kindergartenkinder zwischen drei und sechs Jahren nehmen ihre ganze Welt über die Sinne auf und das lässt sich auf dem Bauernhof natürlich sehr gut nutzen. Da das Außen-gelände des Kindergartens ja quasi der Bauernhof ist, erleben sie mit, wie die Menschen hier mit Tieren arbeiten und sie versorgen. Sie übernehmen aber auch kleinere Aufgaben wie morgens die Hühner aus dem Stall zu lassen und sie zu füttern. Außerdem sind sie für das Eiereinsammeln zuständig. Gefüttert werden müssen auch die Kaninchen und die Meerschweinchen. „Dazu müssen sie über das Hofgelände und durch den Stall gehen, dann haben sie morgens schon einmal alles gesehen“, so Anne-Marie Muhs. Und die Kinder sind dabei sehr aufmerksam, sie beobachten die Tiere genau, wenn zum Beispiel ein Schwein nicht frisst und es vielleicht krank sein könnte, muss Bauer Rainer Bescheid gesagt werden. Bauer Rainer ist sowieso ein sehr wichtiger Mensch in ihrem Leben…

Hohe Sozialkompetenz und Abbau von Ängsten

„Ich bin mir sicher, dass die Kinder durch den Umgang und das Beobachten der Tiere eine unglaubliche Sozialkompetenz entwickeln“, sagt Anne-Marie Muhs. Ein kleines Beispiel dazu: Auf dem Hof lebt auch ein Ziegenbock mit Hörnern, ungefähr auf Augenhöhe der Kinder. Manchmal hat er ziemlich schlechte Laune. Das können die Kinder ihm ansehen, sie wissen ganz genau, wann sie lieber einen großen Bogen um ihn machen sollten und wann sie ihn streicheln können. Durch den Umgang mit Tieren lernen die Kinder, ihr Gegenüber einzuschätzen, Rücksicht zu nehmen, aber auch Ängste abzubauen. Und sie lernen auch, dass das Leben einen Anfang und ein Ende hat, zum Beispiel dann, wenn morgens ein Schwein tot im Stall liegt, Bauer Rainer es herausziehen muss und der Abdecker kommt. „Interessant ist hier die Reaktion der Eltern, da herrscht dann viel mehr Aufregung als bei den Kindern, die nehmen das eher so hin.“

Arbeitsgemeinschaft Lernort Bauernhof

Die Bundesarbeitsgemeinschaft Lernort Bauernhof (BAGLoB) ist ein Zusammenschluss von pädagogisch arbeitenden Projekten und Institutionen, die zum Ziel haben, den landwirtschaftlichen Alltag und die Entstehung wie Verarbeitung von Lebensmitteln für Kinder und Jugendliche erlebbar zu machen. Angeboten wird beispielsweise ein jährliches Netzwerktreffen zum Thema Bauernhofkindergärten sowie Beratung und Hilfe bei der Neugründung von Einrichtungen dieser Art. Auch Anne-Marie Muhs arbeitet in der BAGLoB mit und gibt Seminare zum Thema Gründung von Bauernhofkindergärten. Weitere Infos zu Arbeitshilfen rund um den Lernort Bauernhof sowie zu Veranstaltungen in diesem Bereich sind zu finden unter: www.baglob.de.

Kinder reden auch über den Tod der Tiere

Die Kinder wissen auch, was in dem zum Hof gehörenden Schlachtbetrieb passiert, beim Schlachten sind sie jedoch nicht dabei. „Aber wir verstecken das nicht, das ist sogar oft ein Thema, die Kinder wollen darüber reden. Sie sehen ja auch, wenn morgens Tiere fehlen."
Ein Bauernhof fordert ein Kind eben ganzheitlich und er ist in vielerlei Hinsicht ein guter Lernort. So bekommen die Wurzelkinder einen Eindruck davon, wie Urprodukte aus der Landwirtschaft verarbeitet werden können, wenn etwas zusammengebuttert wird, Schafwolle gefilzt oder Apfelsaft aus den selbstgepflückten Äpfeln hergestellt wird.
Einmal in der Woche wird zusammen gekocht und gegessen, dann bringen die Eltern die Lebensmittel mit. „Eigentlich wollten wir auch einen Garten mit Gemüsebeet anlegen und dieses dann ernten und verarbeiten, aber das schaffen die Erzieher nicht auch noch. Alles geht eben nicht." Aber es wird hin und wieder eigenes Brot gebacken und zwar aus dem Korn, das die Kinder selber ausgesät, gemahlen und zu Brotteig verknetet haben. „So können die Kinder einen Prozess von Anfang bis Ende begleiten, es entsteht ein Bewusstsein für die Natur und für Lebensmittel. Und ich denke, dadurch werden die Kinder später die Herkunft ihrer Lebensmittel hinterfragen."

Rückmeldung von den Schulen

Auf jeden Fall sind die Wurzelkinder, die auf dem Hof viel Gelegenheit zum Toben, Rennen, Balancieren, Klettern, Buddeln etc. haben, körperlich fit. „Wir bekommen von den Schulen Rückmeldung, dass die Kinder motorisch sehr fit sind, aber auch sehr teamfähig und verantwortungsbewusst."

Zusätzlich zur Kindergartengruppe, die von 7.30 bis 13.00 Uhr im Haus ist, bietet Anne-Marie Muhs an drei Nachmittagen in der Woche ein hochwertiges Bildungsprogramm für Kinder bis zu zehn Jahren an. Jeweils zwölf bis 15 Kinder sind dann zweieinhalb Stunden auf dem Hof und beschäftigen sich mit einem bestimmten Thema. Entweder steht ein Tier, ein Material (Stroh, Wolle, Milch) und dessen Verarbeitung oder ein spezieller Ort auf dem Hof (Schweinestall, Rundballen) im Mittelpunkt. Und auch dieses Angebot wird sehr gut angenommen.

Beste Werbung für den Betrieb

Rundum positive Erfahrungen also mit dem ersten Bauernhofkindergarten in Deutschland. Mittlerweile gibt es bundesweit 15 weitere Einrichtungen dieser Art. Laut Anne-Marie Muhs, die Interessierte in Sachen Gründung eines Bauernhofkindergartens auch berät, sind derzeit einige weitere Kindergärten auf dem Weg, beispielsweise in Thüringen und Brandenburg. „Das Interesse an dem Thema hat in den letzten Jahren deutlich zugenommen und wir sind auch wahnsinnig oft in der Presse, das wird ständig mehr. Ich sage immer, die Wurzelkinder sind die beste Werbung für unseren Betrieb."
Womit man bei der Frage wäre, ob sich das Modell Bauernhofkindergarten auch betriebswirtschaftlich für einen Hof lohnt? Zunächst einmal bekommt Anne-Marie Muhs vom Trägerverein Mieteinnahmen durch den Kindergarten und auch Pacht für den Hof. Zum anderen ist der Kindergarten sehr förderlich für die Direktvermarktung der hofeigenen Produkte. „Ich sehe sehr viele Eltern und Großeltern der Kindergartenkinder am Stand, die unser Fleisch kaufen." Außerdem transportiert der Bauernhofkindergarten ein sehr positives Image: „Wir zeigen mit dem Kindergarten, dass wir absolut offen sind für Besucher und nichts zu verstecken haben. Wir haben immer Leute auf dem Hof und die sehen, wie wir arbeiten und können sich so selbst ein Urteil bilden." Ein Biohof mit Mastställen, Schlachterei, Fleischverkauf ab Hof und ein Kindergarten mittendrin: Wer hätte gedacht, dass das ein so perfekter Lernort für Kinder sein kann?

Praxistipps

1. Wichtig ist ein guter Kontakt zum Jugendamt, der für die Betriebsgenehmigung zuständig ist sowie zur Unfallkasse, die in Sachen Gefahrenaufsicht das Sagen hat.
2. Jeweils zwölf bis 15 Kinder sind zweieinhalb Stunden auf dem Hof und beschäftigen sich mit einem bestimmten Thema. Entweder steht ein Tier, ein Material (Stroh, Wolle, Milch) und dessen Verarbeitung oder ein spezieller Ort auf dem Hof (Schweinestall, Rundballen) im Mittelpunkt.
3. Ein Biohof mit Mastställen, Schlachterei, Fleischverkauf ab Hof und ein Kindergarten mittendrin: Wer hätte gedacht, dass das ein so perfekter Lernort für Kinder sein kann?

Zu den Autoren

Alexandra Höß studierte Ökotrophologie an der Hochschule Niederrhein, verantwortete in den 1990er Jahren die rhw-Redaktion presserechtlich und plante auch Großveranstaltungen. Alexandra Höß arbeitet heute als freie Journalistin in Hamburg und ist unter anderem Beraterin der Redaktion und Mitarbeiterin des Teams von rhw management und rhw praxis.

Eva Maria Reichert studierte Germanistik, Kunstgeschichte und Theaterwissenschaft an der LMU München. Sie arbeitet seit 2011 regelmäßig in der rhw-Redaktion. Zudem ist sie auch freie Autorin für rhw management und rhw praxis.

Robert Baumann studierte Ökotrophologie an der HAW Hamburg und ist seit 2007 Chefredakteur der rhw management und rhw praxis. Seit einigen Jahren plant und moderiert er regelmäßig Tagungen, wie das rhw-Symposium oder das rhw-Hygieneforum und ist als Referent unterwegs.

Kapitel 1 • Altenheim & Seniorenbetreuung

Der Blick für das Ganze
Fotos: Seniorenzentrum Moringen
Autorin: Alexandra Höß
Gesund essen, besser leben
Fotos: Alexandra Höß; Carsten Schick, Hannover
Autorin: Alexandra Höß
Der gute Geist der Einrichtung
Fotos: Alexandra Höß, Pflegen und Wohnen Hamburg
Autorin: Alexandra Höß
Hauswirtschaft zeigt Präsenz
Fotos: Alexandra Höß
Autorin: Alexandra Höß

Kapitel 2 • Hauswirtschaft für Menschen mit Demenz und Behinderungen

Hilf mir, es (noch) selbst zu tun!
Fotos: Montessori & Friends
Autorin: Alexandra Höß
„Wir wollen eine Heimat sein“
Fotos: Eva Maria Reichert
Autorin: Eva Maria Reichert
ICP: individuell und ganzheitlich fördern
Fotos: Eva Maria Reichert, ICP München
Autorin: Eva Maria Reichert
Die Hausgemeinschaft als große Familie
Fotos: Seniorenzentrum Gute Hoffnung, Oberhausen
Autorin: Alexandra Höß

Kapitel 3 • Personalführung

Zu Besuch in Neuendettelsau
Fotos: Robert Baumann, Diakonie Neuendettelsau
Autor: Robert Baumann
Kompetenzanalyse für Hausgemeinschaften
Fotos/Abb.: Samariterstiftung, Nürtingen
Autor: Robert Baumann
Menschen mit Handicap in der Gebäudereinigung
Fotos: CariClean/Copyright: Katrin Rohde (2), KDS (1), Privat (1)
Autor: Robert Baumann
„Wir kommen, wenn die anderen fertig sind"
Fotos: Robert Baumann
Autor: Robert Baumann

Kapitel 4 • Tagungen, Gastronomie & Events

Immer wieder Neues lernen
Fotos: Alexandra Höß, Robert Eller/Celle, Archiv EBH
Autorin: Alexandra Höß
Tagungen, Nachhaltigkeit und neue Geschäfte
Fotos: Schloss Hohenkammer
Autor: Robert Baumann
Sommer in Orange
Fotos: KURTIS-eventgastronomie.de
Autor: Robert Baumann
Events im 500 Jahre alten Bauernhof
Fotos: Franz Kimmel, Hasenöhrl
Autor: Robert Baumann

Kapitel 5 • Hauswirtschaft auf dem Land

Die neue Lust aufs Land
Fotos: Alexandra Höß
Autorin: Alexandra Höß
„Jeden Tag aufs Neue!"
Fotos: Geflügelhof Hüttinger
Autor: Robert Baumann
Ganz große Stücke
Fotos: Alexandra Höß
Autorin: Alexandra Höß
Ein Bauernhof als Lernort für Kinder
Fotos: Wurzelkinder e. V.
Autorin: Alexandra Höß